ROSA COBO

PROFESORA DE SOCIOLOGÍA DEL GÉNERO EN LA UNIVERSIDAD DE A CORUÑA, HA SIDO FUNDADORA Y PRIMERA DIRECTORA DEL SEMINARIO INTERDISCIPLINAR DE ESTUDIOS FEMINISTAS DE LA MISMA UNIVERSIDAD ENTRE LOS AÑOS 2000-2003. ASIMISMO DIRIGIÓ EL MÁSTER SOBRE GÉNERO Y POLÍTICAS DE IGUALDAD DE LA UNIVERSIDAD DE A CORUÑA DESDE EL AÑO 2005 HASTA EL AÑO 2008 Y HA SIDO MIEMBRO DE LA UNIDAD DE MUJERES Y CIENCIA (UMYC) DEL MINISTERIO DE EDUCACIÓN Y CIENCIA 2006-2008. HA RECIBIDO EL PREMIO CARMEN DE BURGOS AL MEJOR ARTÍCULO PUBLICADO EN EL AÑO 1997 E IMPARTE CURSOS Y CONFERENCIAS SOBRE GÉNERO Y FEMINISMO EN ESPAÑA Y EN AMÉRICA LATINA. ENTRE SUS PUBLICACIONES CABE DESTACAR: *LAS MUJERES ESPAÑOLAS: LO PRIVADO Y LO PÚBLICO* (CIS); *FUNDAMENTOS DEL PATRIARCADO MODERNO. JEAN JACQUES ROUSSEAU* (CÁTEDRA); *INTERCULTURALIDAD, FEMINISMO Y EDUCACIÓN* (ED.) (LOS LIBROS DE LA CATARATA) Y *EDUCAR EN LA CIUDADANÍA. PERSPECTIVAS FEMINISTAS* (ED.) (LOS LIBROS DE LA CATARATA).

Rosa Cobo

Hacia una nueva política sexual

LAS MUJERES ANTE LA REACCIÓN PATRIARCAL

DISEÑO DE CUBIERTA: ESTUDIO PÉREZ-ENCISO

© ROSA COBO, 2011

© LOS LIBROS DE LA CATARATA, 2011
  FUENCARRAL, 70
  28004 MADRID
  TEL. 91 532 05 04
  FAX 91 532 43 34
  WWW.CATARATA.ORG

HACIA UNA NUEVA POLÍTICA SEXUAL.
LAS MUJERES ANTE LA REACCIÓN PATRIARCAL

ISBN: 978-84-8319-602-1
DEPÓSITO LEGAL: M-21.755-2011

ESTE MATERIAL HA SIDO EDITADO PARA SER DISTRIBUIDO. LA INTENCIÓN DE LOS EDITORES ES QUE SEA UTILIZADO LO MÁS AMPLIAMENTE POSIBLE, QUE SEAN ADQUIRIDOS ORIGINALES PARA PERMITIR LA EDICIÓN DE OTROS NUEVOS Y QUE, DE REPRODUCIR PARTES, SE HAGA CONSTAR EL TÍTULO Y LA AUTORÍA.

A MI HIJA ANDREA, UNA Y OTRA VEZ. SIEMPRE

ÍNDICE

AGRADECIMIENTOS 11

CAPÍTULO 1. REACCIÓN PATRIARCAL 13

CAPÍTULO 2. SOBRE MULTICULTURALISMOS Y FEMINISMOS 23

CAPÍTULO 3. GLOBALIZACIÓN CAPITALISTA Y SERVIDUMBRES DE GÉNERO 89

CAPÍTULO 4. NUEVAS FORMAS DE VIOLENCIA PATRIARCAL 139

CAPÍTULO 5. ESTRATEGIAS FEMINISTAS PARA EL SIGLO XXI 183

BIBLIOGRAFÍA 229

AGRADECIMIENTOS

A Celia Amorós le tengo que agradecer su presencia intelectual en este libro. Sus reflexiones teóricas resuenan en todos y cada uno de estos capítulos.

A Luisa Posada Kubissa le reitero en estas páginas mi cariño por sus pruebas constantes de amistad, pero también todo mi agradecimiento por nuestro intercambio intelectual.

¿Y cómo no agradecer a Mercedes Acebedo las apasionadas discusiones políticas sobre qué izquierda necesitamos y queremos?

A Raquel Blandón, a Maite Rodríguez Blandón y a Blanquita de Sánchez, las caras de la Fundación Guatemala durante tantos años, debo agradecer la hospitalidad y el cariño con el que me acogieron año tras año. ¿Cómo olvidar el apoyo de Raquel cuando más lo necesitaba? ¿Y las alegres noches y los cálidos días pasados en Livinsgton gracias a Maite?

También me siento inmensamente agradecida a Charo Carracedo y a Ana Míguez: sólo ellas saben por qué, pero desde estas páginas les digo que no lo olvidaré nunca.

A Norma Reyes Terán tengo que agradecerle la contundencia de sus convicciones feministas. Y el cariño y el reconocimiento que siempre me mostró. Desde el otro lado del Atlántico, desde México, cada poco tiempo me llega la audacia e inteligencia de su lucha.

A Alda Facio le agradezco sus visitas relámpago y sus muestras de afecto. En torno a unas copas de vino charlamos sobre feminismo y sentimos que nuestra causa, la causa de las mujeres, va hacia adelante, aquí y allá, en Europa y en América Latina.

A Loren Montero y a Amelia Verdasco, *tía Loren y tía Meli*, les debo tanto que sólo pido que sigan estando cerca siempre.

A Berta Piñán le agradezco sin matices su presencia en mi vida durante tantos años.

Y a Alma Piñán desde aquí le recuerdo que siempre tendrá un lugar en mi corazón, esté donde esté.

A mis amigas de Sevilla, Charo Luque y Soledad Granero, les agradezco no sólo su amistad, sino también que sean la prueba inequívoca de que es posible la doble militancia.

A las integrantes de la tertulia feminista 'Kate Millett' les agradezco las horas de discusión y diversión alrededor de una mesa de *Entredós*.

También tengo que agradecer lo aprendido en el proyecto de investigación I+D *Mujeres como sujetos emergentes en la era de la globalización: nuevas modalidades de violencia y nuevas formas de ciudadanía*, dirigido en principio por Celia Amorós y más tarde por Fernando Quesada.

A Paloma Rodríguez, María Debén, Cristina Justo, Ana Iglesias y Ana Sánchez les debo que Coruña se haya convertido en un lugar más cálido, entretenido y amistoso. Todas ellas son amigas y compañeras apasionadas de la causa feminista. José María Cardesín ocupa un lugar especial en este universo gallego: sin su amistad y complicidad la vida universitaria hubiese sido menos grata.

CAPÍTULO 1
REACCIÓN PATRIARCAL

En las tres últimas décadas se ha producido una reacción patriarcal insólita por su intensidad sistémica. Hace falta ver si ese gigante que es el patriarcado tiene los pies de barro o está sólidamente anclado y si sus raíces son tan profundas como aparentan. La respuesta, desde luego, no está en estas páginas, porque la historia aún no está escrita. Sin embargo, las mujeres, en tanto que actor colectivo, tenemos en nuestras manos la posibilidad de escribir nuestro futuro. Y para eso necesitamos recuperar nuestra memoria histórica, la de las luchas feministas. Necesitamos apropiarnos de nuestro pasado para dibujar sólidamente nuestro futuro. El objetivo de este libro no es, pues, contar una historia de víctimas, sino de oprimidas que sueñan con la libertad, la autonomía y la igualdad. Y las feministas tenemos la obligación de dar forma a esos sueños y convertirlos en políticas emancipatorias.

Es ésta una reacción patriarcal que tiene lugar en medio de un escenario mundial de desorden: desorden geopolítico e internacional, desorden económico y político, desorden ético y normativo. Algunas de las instituciones que articulaban la sociedad moderna están en crisis, otras en franca descomposición y otras en abierta transformación, pero ninguna permanece inalterable. En todo caso, este desorden, y los cambios intensos y acelerados en los que las mujeres estamos sumergidas, requiere de nuevos instrumentos analíticos. La globalización capitalista, las exigentes prácticas culturales patriarcales y las nuevas formas de violencia masculina componen un cuadro social nuevo para las mujeres. Y para hacer legibles estos nuevos escenarios, tendremos que reorganizar conceptualmente nuestro marco interpretativo. La sociología es, sin duda, uno de los instrumentos analíticos adecuados para esa tarea.

Aunque las causas que han contribuido a esta reacción patriarcal son variadas, la fundamental está en el resurgimiento del feminismo radical de los años setenta, que despierta a unos aletargados patriarcados que habían confiado en el fin de la historia. En efecto, ese movimiento adquiere la fuerza suficiente como para hacerse oír. Y no sólo se hace oír en el tercio rico del mundo, sino que su voz sale también de regiones situadas en los dos tercios pobres del mundo. Las feministas radicales colocan las demandas de las mujeres, y sus aspiraciones de libertad, igualdad y justicia, en el centro del debate político. Otra cosa distinta es que las élites patriarcales respondan con enormes resistencias. La vindicación feminista radical es tan contundente que moviliza conciencias, rearma ideológicamente a muchas mujeres e intenta colocar la cuestión feminista en el corazón de la nueva izquierda. Otra cosa distinta es que la nueva izquierda lo reciba sin entusiasmo y con desconfianza.

El poderoso resurgimiento del feminismo en los años setenta está en el origen de una ola de conquistas de derechos y de movilización de conciencias hacia la igualdad de género. Las demandas de las mujeres ganaron en legitimidad y se convirtieron en interlocutoras políticas hasta el extremo de colocar en la agenda política de instituciones internacionales y de gobiernos la cuestión de la igualdad de derechos entre hombres y mujeres. Sin embargo, la mayoría de los hombres no estuvieron de acuerdo en aceptar estas conquistas. En efecto, ser dueñas de nuestro cuerpo y de nuestras vidas no estaba en la agenda política de los varones. El problema era cómo parar esta ola vindicativa y al tiempo poner fin al malestar de muchas mujeres que no estaban contentas con la vida que tenían y que soñaban con elegir una propia.

De ahí que el neofeminismo de los años setenta sea crucial para comprender la reacción patriarcal. La reacción comienza a gestarse subterráneamente tras el sobresalto producido por la ola feminista radical, pero alcanzará una presencia explícita cuando se hagan visibles los cambios políticos y se produzcan transformaciones sociales globales. En efecto, la ola de cambios sociales desemboca en la crisis de los dos grandes *nomos* que articularon las sociedades contemporáneas: el contrato social y el contrato sexual. En las últimas tres décadas, las mujeres se han hecho visibles en el espacio público y han ganado protagonismo social. Muchas de ellas han recuperado sus cuerpos: han separado la reproducción de la sexualidad; se han promulgado leyes de aborto —más o menos tímidas— en muchos países del mundo; las mujeres han accedido masivamente al mercado de trabajo, aunque sea como "proveedoras frustradas". Además, se ha generado conciencia sobre la violencia de género y en algunos países se han aplicado políticas públicas de igualdad. En muchos lugares del mundo, las mujeres están luchando por la erradicación de la mutilación genital, por el acceso a la educación o por la titularidad de la tierra. El espacio público ha empezado tímidamente a abrirse para las mujeres en casi todo el mundo. Y procesos frágiles de individuación han sido conquistados por una gran variedad de mujeres.

Las "antenas patriarcales" se han puesto en alerta y la nueva situación global se lo está facilitando. Los sectores más intolerantes y fanáticos del patriarcado consideran que las mujeres han ido muy lejos. Y ahí han comenzado las resistencias masculinas. Primero aparecieron fenómenos sociales aislados, pero ahora el marco interpretativo feminista consigue devolvernos la imagen de un entramado patriarcal activo y sólidamente articulado.

Las altas tasas de divorcio, las bajas tasas de natalidad, el crecimiento de las familias monomarentales, los nuevos modelos de familia, la crisis de la autoridad del padre, la descomposición del rol masculino como proveedor universal... son indicadores que ponen de manifiesto que estamos ante una situación excepcional: por primera vez en la historia sectores de mujeres en todo el mundo pueden decir "no" a los varones, bien porque éstos no satisfacen su ideal de pareja y de familia, bien porque tienen proyectos de vida en los que los varones están ausentes.

Los varones, como es fácil suponer, no son un todo uniforme e indiscernible, ni tienen iguales características en todas las regiones del mundo ni tampoco constituyen una fratría universal compacta. La reacción tiene desarrollos pacíficos revestidos de argumentaciones aparentemente moderadas y "técnicas". Las encontramos en el seno de colectivos masculinos progresistas e intelectuales con afirmaciones como éstas: "No son necesarias leyes de igualdad porque las mujeres ya son iguales a los varones"; "Las cuotas rompen el principio de igualdad"; "Las mujeres no necesitan cuotas: las que valen, llegan..."; "El feminismo es un movimiento social obsoleto y radical, pues aquello por lo que lucharon ya está conseguido"; y así *ad infinitum*. Estos varones sueñan con sociedades patriarcales consensuadas con las mujeres, en las que ellas han adquirido una autonomía y libertad condicionada a la autoridad masculina.

Pero junto a estos varones moderados que no reclaman violencia para las mujeres que "sacan los pies del plato", están los "nuevos bárbaros del patriarcado". Estos bárbaros son los que han entendido que la violencia es una respuesta de emergencia ante mujeres que han ganado autonomía y libertad en muchas regiones del mundo. Explica Chomsky que "un predador se vuelve más peligroso, y menos predecible, cuando está herido"[1]. La reacción patriarcal cristaliza cuando los sectores más intolerantes y fanáticos de los patriarcados contemporáneos sienten como heridas los avances en derechos y recursos de las mujeres.

Este sistema de dominio necesita plataformas de recursos para reproducirse y sobrevivir y las ha encontrado, precisamente, en el corazón de ciertos procesos sociales que han tenido lugar en las últimas décadas. En primer lugar, el dominio patriarcal ha establecido un sistema de alianzas con las élites masculinas de las comunidades culturales. En efecto, las culturas son un campo de lucha patriarcal y una excusa para que las mujeres regresen a su lugar, al sitio históricamente asignado por las élites masculinas. La exaltación de ciertas prácticas culturales en tiempos de globalización puede ser interpretada como una respuesta reactiva a la imposición de costumbres y estilos de vida que se extienden desde el tercio rico al resto del mundo. Y no sólo eso, pues la uniformización y la estandarización de modos de vida y la inseguridad que produce la pérdida de las raíces culturales y señas de identidad son una razón poderosa para hacer legible la exaltación identitaria de las culturas y el creciente interés por el debate en torno al multiculturalismo.

Sin embargo, el análisis feminista nos muestra que en el interior de estas políticas de reivindicación de la propia cultura se recuperan, reinventan o inventan directamente prácticas culturales que tienen como objeto la subordinación, explotación u opresión de las mujeres. Las mujeres han sido históricamente las depositarias de las tradiciones, pero la actual reacción patriarcal ha dado una nueva vuelta de tuerca al traer al centro del escenario social las tradiciones más bárbaras y opresivas para las mujeres. La reactualización de una práctica cultural como la dote en Asia o la cadena casi infinita de abortos obligados para impedir el nacimiento de niñas en una gran parte de Asia; la resistencia a acabar con la mutilación genital femenina o la violenta exigencia de un canon de belleza imposible de alcanzar con sus políticas de control y agresión al cuerpo de las mujeres son prácticas falsamente denominadas culturales y, en realidad, sólidamente patriarcales. Asimismo podríamos añadir otras muchas, como la prohibición legal o de facto a que las mujeres accedan a la titularidad de la tierra en África, Asia o América Latina. Todas ellas nos muestran que esa lucha de las culturas y de las minorías por el reconocimiento está siendo utilizada por las élites masculinas, culturales o raciales, no sólo para defender a sus comunidades o pueblos de las agresiones asimilacionistas de Occidente, sino también para reasegurar sus privilegios patriarcales e, incluso, para crear algunos nuevos.

El segundo contingente de recursos para apuntalar las sociedades patriarcales se encuentra en la globalización neoliberal. En efecto, las sociedades patriarcales han establecido una alianza sólida y mutuamente rentable con el nuevo capitalismo. Las políticas económicas neoliberales, con sus programas ilimitados de privatización y con su exigencia social de aumentar los beneficios, están imponiendo unas prácticas que afectan significativamente a las mujeres. El estado privatiza lo público y así aumenta el trabajo doméstico de las mujeres, pues menos políticas sociales significa más trabajo no remunerado en la familia. Y más beneficios significa que las mujeres están entrando en el mercado de trabajo en calidad de "proveedoras frustradas" y en unas condiciones insólitas de sobreexplotación. La maquila se perfila como una de las grandes metáforas de la globalización. Las nuevas políticas económicas clausuran así las políticas keynesianas de redistribución económica y producen nuevas bolsas de exclusión social. Ahora bien: ¿por qué esos espacios de exclusión y explotación están asignados mayoritariamente a las mujeres? ¿Por qué las maquilas más descualificadas son en su mayoría femeninas? ¿Por qué los salarios de pobreza se encuentran sobre todo entre las mujeres? ¿Por qué la informalización del trabajo se cierne sobre la población femenina? Las preguntas son infinitas, pero hablan por sí solas. La globalización económica se está abatiendo como una losa pesada sobre las mujeres.

El tercer fenómeno social que pone de manifiesto el rearme patriarcal es la violencia sexual. La clásica violencia de género por la que un varón agrede a una mujer porque considera que es de su propiedad o porque quiere que lo siga siendo o porque no quiere que deje de serlo es una forma de violencia muy arraigada en nuestras sociedades y por ello mismo tiene un espacio en el imaginario colectivo. Sin embargo, junto a esa forma de violencia está apareciendo otra cualitativamente diferente. La diferencia radica en que ciertos varones agreden o asesinan a mujeres sin conocerlas, simplemente por el hecho de ser mujeres. Son agresiones despersonalizadas, en las que agresor y agredida no se conocen. Son agresiones y asesinatos funcionales para los sectores más duros e intolerantes del patriarcado.

Los feminicidios de México y Centroamérica, las violaciones colectivas, los asesinatos perpetrados por varones durante las llamadas "juergas de fin de semana", los ritos iniciáticos que imponen algunas maras a las mujeres que desean pertenecer a esas pandillas en países como El Salvador o Guatemala, entre otras muchas agresiones masculinas, son nuevas formas de violencia patriarcal. Estas fratrías masculinas producen una violencia que actúa como principio de excepción del sistema de dominio patriarcal. Una vez que los bárbaros del patriarcado han entendido que el consenso sobre el que reposa la dominación masculina se ha roto, empieza la coacción y la violencia. Y aquí, para reforzar la reacción patriarcal, se juntan fusionalmente la explotación capitalista, la servidumbre cultural y la violencia sexual. Tenemos imágenes repetidas que ilustran esta alianza masculina y que se concretan en feminicidios: una mujer joven e indígena que sale de trabajar cualquier noche de una maquila en Guatemala o Ciudad Juárez y es violada, torturada y asesinada. Y tenemos otra poderosa e imparable imagen de la violencia masculina y de la desindividualización de las mujeres que se concreta en la prostitución. Este fenómeno social, la prostitución y la trata de mujeres para la explotación sexual, es probablemente la otra metáfora, junto a la maquila, que ilustra con precisión la reacción patriarcal.

La tesis de este libro es que la explotación económica, las servidumbres culturales y la violencia sexual son tres respuestas que han adquirido un carácter sistémico y que los pactos interclasistas, interraciales e interculturales entre los sectores más fanáticos del patriarcado intentan blindar esa barrera de entrada que impide a las mujeres alcanzar la individualidad y, con ello, desasirse del poder masculino.

Por supuesto, no todos los varones son bárbaros ni tampoco todos obstaculizan la libertad e igualdad de las mujeres. Por primera vez en la historia podemos identificar reducidos grupos de varones —hombres por la igualdad, hombres a favor de la abolición de la prostitución, hombres contra la violencia de género y otros que actúan de forma individual— que intentan distanciarse críticamente de un sistema de dominio que les proporciona privilegios. Estos varones serán nuestros aliados en algunos momentos y con ellos deberemos pactar medidas o acciones que sean de nuestro mutuo interés.

Sin embargo, este fenómeno social que es la reacción patriarcal no puede silenciar que vivimos un momento histórico abierto y de transición que abre posibilidades a las mujeres en la lucha por ampliar sus derechos y por conquistar nuevos recursos. La historia no está escrita y en las sociedades tienen lugar múltiples procesos en los que intervienen distintos factores, como la voluntad política de individuos y grupos que tienen aspiraciones de cambio social o son portadores de proyectos políticos alternativos.

El feminismo, en sus tres siglos de historia, ha anidado en la sociedad civil y ha accedido a algunos espacios académicos y políticos. El espacio público en muchos países del mundo se ha ido abriendo cautelosamente a las mujeres y el feminismo ha puesto patas arriba las sociedades patriarcales, en unas regiones del planeta más que en otras. La semilla feminista está plantada y los sectores patriarcales más radicales y ultraconservadores lo saben. Los bárbaros del patriarcado actúan, sin saberlo muchas veces, como un escuadrón de la muerte, repartiendo violencia sin aparentes razones. El telón de fondo son mujeres que caminan hacia la libertad, que quieren ser dueñas de sus cuerpos, que quieren sustraerse a la autoridad masculina, que quieren estar en el centro del escenario histórico, que quieren ser protagonistas de sus propias vidas. Sin embargo, esa violencia no es casual ni azarosa: es una respuesta reactiva que quiere mostrarnos el lugar al que debemos regresar.

La reacción patriarcal acabará, pero sólo si sabemos hacerla legible y si actuamos políticamente en consecuencia. Las feministas tenemos que mirar en una doble dirección: hacia dentro y hacia fuera. Tenemos que ampliar el objetivo para no distorsionar la realidad. Si sólo miramos nuestra sociedad o aquellas otras semejantes y próximas, no veremos partes sustanciales del cuadro. Si reducimos el objetivo y no miramos lo que hay fuera, no entenderemos en su complejidad la reacción patriarcal, pues estas bárbaras políticas masculinas se asientan allá donde encuentran menos dificultades. Los estados debilitados y el capitalismo sin normas y límites pueden facilitar la construcción de espacios de impunidad y de vulneración de los derechos humanos de las mujeres. Sociedades paralizadas y sin masas críticas hacen posible que las mujeres aceptemos las políticas de control del cuerpo y nos sometamos a un canon de belleza imposible de cumplir. Las feministas necesitamos reconceptualizar la justicia, la igualdad y la libertad en términos transfronterizos. Necesitamos aparcar momentáneamente los debates intrafeministas y dirigir nuestra mirada a los vínculos que nos unen y a las conexiones que nos acercan. Nuestro espacio privilegiado de lucha son las sociedades civiles de las distintas regiones del mundo. La historia no está escrita y por ello mismo está abierta. Las feministas y las mujeres podemos y debemos construir un discurso crítico y una acción política transfronteriza que haga posible la construcción de una agenda feminista global.

NOTAS

1. Noam Chomsky: "Un predador herido es todavía más peligroso", *The Guardian*, 9 de marzo de 2007.

CAPÍTULO 2
SOBRE MULTICULTURALISMOS Y FEMINISMOS

El multiculturalismo es un paradigma intelectual, político y normativo que se inscribe en el marco del pensamiento y de las políticas contemporáneas críticas y progresistas. Su objetivo es proporcionar un marco teórico y político a las comunidades culturales que viven en sus territorios originarios y a los colectivos de inmigrantes, por un lado, y a las distintas minorías que, sin ser comunidades culturales, viven situaciones crónicas de desigualdad y opresión, por otro. El pensamiento político conservador es su principal referente polémico, aunque también discute con el pensamiento político liberal y polemiza con las teorías políticas más democráticas y radicales, debido a la defensa que éstas hacen del universalismo. Sus referentes conciliatorios son el comunitarismo, el relativismo cultural y la postmodernidad, pues estos paradigmas apelan, de una u otra forma, a la diferencia. Y la exaltación de la diferencia está en el corazón del multiculturalismo.

Ahora bien, a pesar de que el paradigma multiculturalista se autoinscribe en el contexto intelectual y político progresista, eso no significa que no exista un sustrato profundamente conservador en su núcleo más profundo. La apelación al pasado y a la tradición o la reivindicación de prácticas culturales que no respetan la igualdad o que se asientan sobre prácticas de dominio señalan la conexión entre el pensamiento político conservador y partes del pensamiento multiculturalista. La memoria comunitaria como fuente de identidad individual y colectiva no es ajena a las estructuras y élites de poder de la comunidad. Por ello hay que interrogarse sobre quién crea y recrea la memoria cultural de una comunidad. No parece posible desvincular la memoria histórico-cultural de una comunidad de sus élites dominantes y sus entramados sociales. Y es que la producción de definiciones sociales está relacionada con los grupos que detentan el poder.

Es necesario examinar las afinidades entre algunos a priori del multiculturalismo y del pensamiento conservador. Sobre todo para protegernos contra los multiculturalismos que niegan algunos derechos humanos o contra aquellos que construyen muros y de esa forma ponen en cuestión las estructuras y relaciones *globales* de dominación sobre las mujeres. En primer lugar, hay que examinar las conexiones entre tradiciones culturales y privilegios, en la medida en que una gran parte de las tradiciones no son ajenas a los grupos que ejercen el control y el poder en el seno de cada comunidad. Más bien, habría que señalar la estrecha relación entre la formación de estructuras de poder y prácticas culturales, tradiciones y religión. La religión siempre ha anidado en el corazón de cualquier sistema de dominio como fuente de legitimación y como mecanismo de reproducción social. Y lo mismo puede decirse de una gran parte de las tradiciones y de los prejuicios de los sistemas sociales. En segundo lugar, otro elemento a tener en consideración, y que establece vínculos entre el paradigma multiculturalista y el conservador, es que otorgar más poder a las estructuras comunitarias y a las entidades colectivas significa restárselo a la subjetividad individual: cuanto más poder tiene el grupo, mayor es su capacidad de control social sobre los individuos que lo forman. Y a mayor control social, menor capacidad de maniobra de los sujetos que lo padecen.

En todo caso, el multiculturalismo, y sus poderosas filiaciones con el relativismo cultural, el comunitarismo y la postmodernidad, crea contradicciones con aquellos paradigmas cuyo sustrato más profundo es el universalismo. Y es precisamente en estas tensiones donde aparece con más nitidez el conflicto entre el derecho a la igualdad y el derecho a la diferencia, entre el derecho individual y los derechos colectivos. Entre el multiculturalismo y la igualdad se producen tensiones profundas que contemplamos a menudo en nuestras sociedades y en muchas comunidades culturales: ¿qué se debe proteger: el derecho del individuo o el de la comunidad? Cuando se protege el derecho colectivo frente al individual, muchos individuos ven sus derechos vulnerados y, en consecuencia, la igualdad erosionada. Cuando esos individuos son mujeres es menos fácil identificar la vulneración de sus derechos y las quiebras de la igualdad por dos razones fundamentales: en primer lugar, porque las mujeres suelen ser las depositarias de las tradiciones y, como se sabe, las tradiciones son sagradas; y, en segundo lugar, porque la naturalización de las mujeres les impide en la gran mayoría de los casos hacerse con las herramientas necesarias para denunciar el asedio identitario a su subjetividad.

PREGUNTAS FEMINISTAS AL MULTICULTURALISMO

El debate sobre las relaciones entre las culturas y sobre el respeto que las debemos por el simple hecho de serlo, independientemente de que estén muy alejadas cultural y geográficamente de la nuestra o estén tan próximas que se ubiquen dentro de nuestro marco político, no debe impedirnos enjuiciar aquellas prácticas culturales que vulneren los derechos humanos, impliquen trato discriminatorio para las mujeres o erosionen la igualdad. En otros términos, el debate sobre multiculturalismo debe ser sometido a preguntas específicamente feministas, debido a que los registros "tradición" y "religión" han sido históricamente usados por los varones para reproducir, y a veces reforzar, las relaciones jerárquicas entre los géneros.

En las dos últimas décadas se han intensificado los debates y las discusiones sobre las relaciones entre distintas culturas. El multiculturalismo, el choque de civilizaciones, el diálogo transcultural o la interculturalidad se han convertido en objeto de investigación y de discusión política. Y las migraciones, la globalización informacional, la pobreza o los crecientes procesos de uniformización cultural son fenómenos sociales que están alimentando este debate.

Lo cierto es que no puede soslayarse la existencia empíricamente verificable de choques culturales en muchas zonas del planeta. En aulas, barrios, pueblos o ciudades de nuestro país y, por supuesto, en otras muchas regiones del mundo tienen lugar conflictos marcados por la cultura, la religión u otras variables sociales. Estos choques culturales no se alimentan sólo de la inmigración, sino también de los nacionalismos y de otras realidades sociales, como la religión o la raza. Sin embargo, tenemos que afinar los análisis en torno a los choques entre culturas porque, desde instancias ideológicas dominantes, algunos conflictos suelen aparecer como si fuesen el resultado exclusivo de choques culturales entre comunidades en conflicto, cuando en realidad casi siempre están vinculados también a otras variables de tipo económico o político. La dominación política, la explotación económica o la falta de respeto social en muchas ocasiones subyacen e incluso enmascaran supuestos choques culturales.

Por ello es necesario hacer una precisión: sostener que existen choques culturales no significa en absoluto tener que organizar la vida social en torno a la idea de que los conflictos culturales son inevitables. Si partimos del supuesto de la inevitabilidad del choque cultural o del choque de civilizaciones, convertimos una experiencia social e histórica en un paradigma político. Y, desde luego, el objetivo de estas páginas no es defender esa posición. El punto de partida es el opuesto: los desencuentros culturales deben ser gestionados política y socialmente en la dirección de deshacer "fronteras", no de fortalecerlas o alentarlas. Si asumimos el punto de vista de la imposibilidad de evitar los choques culturales, entonces tendremos que organizar las relaciones sociales a partir de este paradigma. Y de esta posición se derivarían segregaciones, separaciones y fronteras. Hacer del choque cultural un paradigma político significa que la unidad social corre el riesgo de resquebrajarse y la propia idea de humanidad, entendida en clave de comunidad moral, se ve cuestionada.

El multiculturalismo ha puesto en el centro del escenario político la cuestión colonial y ha articulado críticas a Occidente tanto por su pasado colonial como por su actual posición hegemónica en la economía y en la política internacional. Su posición central en la configuración del mal llamado "primer mundo" y su pasado colonial están en la base de la crítica de las acusaciones de etnocentrismo a Occidente. Asimismo, los choques culturales y religiosos que se están produciendo en las sociedades europeas entre sectores de población autóctonos, de un lado, y colectivos y comunidades de inmigrantes que se han asentado en el tercio rico del mundo, de otro, están suscitando no sólo reflexiones teóricas demasiado autocomplacientes y acríticas con Occidente[1], sino también brotes racistas. Las acusaciones de etnocentrismo a Occidente vienen de "dentro" y de "fuera" de nuestras sociedades. Colectivos de inmigrantes y sectores ilustrados de minorías culturales de países que han sentido el peso colonial y económico de Occidente formulan críticas a nuestras sociedades. En la misma dirección, intelectuales autóctonos y sectores sociales críticos no se sienten representados ni con la historia colonial de Europa ni con su actual posición "neocolonial" basada, en muchos casos, en tratados económicos ventajosos e injustos con países del Sur.

De hecho, están resucitando críticamente argumentos sobre la existencia de "nuevos colonialismos" en Occidente. Desde sectores sociales críticos occidentales se argumenta que multinacionales europeas y norteamericanas, sobre todo, entran en países pobres en condiciones sumamente ventajosas, destruyendo pequeños negocios autóctonos, estableciendo contratos blindados con los gobiernos y, en muchos casos, con una capacidad de presión sobre esos gobiernos que erosiona la soberanía de esos estados. Ahora bien, hay que subrayar el carácter global de las élites económicas que, a través de multinacionales, del comercio global y de operaciones financieras, se han convertido en los instrumentos del "nuevo colonialismo". Es un colonialismo que no tiene ningún referente cultural detrás: sólo el beneficio desproporcionado que ha hecho posible el aumento de los capitales privados de las grandes fortunas que componen esas élites económicas. Las élites de EE UU o de cualquier país europeo, asiático o africano son los "nuevos colonialismos" que están creando una variedad insólita de "terceros mundos" en los países del Norte y están empobreciendo a grandes sectores sociales de los países pobres. Hoy se ha transformado el viejo esquema del colonialismo gracias a la connivencia y al internacionalismo de las élites económicas y financieras globales. Dicho en otros términos, el esquema Norte/Sur o un tercio/dos tercios debe ser completado con otra estructura: la transversalidad de las élites financieras y económicas del nuevo capitalismo que expolia con la misma ferocidad a sus poblaciones como a las ajenas. Como explico en otro lugar de este libro, la nueva economía capitalista está creando bolsas de pobreza insólitas por su extensión en los países de este "paradisíaco primer mundo".

En esta misma dirección, también hay que destacar que las "otras culturas", presentes en nuestras sociedades, y los individuos de las "otras culturas" que viven en Occidente se están convirtiendo, en palabras de Saskia Sassen, en "las nuevas clases de servidumbre"[2]. Y no sólo eso, pues los recortes de las políticas sociales en los últimos años están haciendo disminuir los recursos de las políticas de integración para los inmigrantes de los países ricos[3]. De otro lado, las "otras culturas" pertenecen a los dos tercios pobres del mundo, y una parte de esos países están endeudados con instituciones del tercio rico, como el BM y el FMI. Dicho de otra forma, la división entre "nosotros" y "ellos" es también una división marcada por el bienestar social y la pobreza. Sin embargo, esta consideración tampoco puede ocultar que esa línea divisoria entre el bienestar y la pobreza se reproduce en todos los países del mundo, en los del Norte y en los del Sur; y no sólo eso, pues en muy buena medida se está intensificando esa división debido a la aplicación de políticas económicas neoliberales durante los últimos 30 años.

Al mismo tiempo, en Europa han brotado reacciones políticas y reflexiones teóricas críticas con las prácticas religiosas y culturales de las comunidades de inmigrantes que se han asentado en nuestras sociedades. Y, además, una parte de estas argumentaciones están teñidas de prejuicios xenófobos. Estas posiciones no son improvisaciones construidas en estos últimos tiempos: por el contrario, tal y como señala Sophie Bessis[4], tienen profundas raíces históricas. Siglos de conquista y colonialismo han conformado en Occidente una ideología de la superioridad frente al resto del mundo que actúa como sustrato polémico para fundamentar posiciones políticas críticas con el etnocentrismo, pero también para alimentar ideologías racistas sobre los "otros". En definitiva, el debate alrededor de los encuentros y desencuentros entre las culturas transita, de una parte, entre ideologías reactivas que quisieran mantener convenientemente alejados y aislados a los "otros" y, de otra, entre quienes, asumiendo posiciones autocríticas con el tercio rico del mundo, rechazan todas las producciones teóricas y políticas surgidas en el marco de la Modernidad, como por ejemplo, los derechos humanos o el feminismo, con la excusa de que son "perspectivas del Norte".

El reto del feminismo es sortear estas posiciones enfrentadas y producir un discurso políticamente coherente que haga compatible la igualdad de género y el respeto a las comunidades culturales y a las minorías oprimidas. Ahora bien, este discurso, para ser crítico, debe tener puesta la mirada en las normatividades masculina y femenina de cada comunidad y en el entramado institucional y social en el que esas normatividades se asientan. O, dicho en otros términos, las comunidades culturales y las minorías deben someterse al examen cuidadoso de sus jerarquías, asimetrías y estructuras de poder internas. Este análisis es fundamental para identificar los sistemas de desigualdad de género desde una perspectiva intracultural y transcultural. Estos sistemas de poder presentes en todas y cada una de las comunidades han sido acuñados por el feminismo con las categorías de patriarcado o sistema de sexo-género.

Sin embargo, esta posición ético-normativa sería insuficiente si no incluyese como parte central de esa propuesta que las fronteras que han de deshacerse no sean sólo las culturales, sino también las de género. En este texto se sostiene que las "fronteras" entre hombres y mujeres están enmascaradas en ideologías de la diferencia. La ideología de la superioridad de Occidente que produce excluyentemente al "otro" está atravesada por una ideología de la superioridad masculina, profundamente arraigada tanto entre quienes han fabricado la ideología de la supremacía occidental como entre los que han sido heterodesignados como "los otros". Esta silenciada ideología ha pactado la producción de la "otra", de modo que la ideología de la exclusión cultural se superpone a la exclusión de las mujeres y la primera invisibiliza a la segunda.

FORMAS COMUNITARIAS DE VIDA

Las entidades colectivas han sido las formas "naturales" de vivir de los individuos a lo largo de la historia: clanes, tribus, castas o estamentos, estas formas comunitarias de vivir han articulado y siguen articulando en muchas partes del mundo a millones de personas. La Modernidad occidental rompe con estas entidades, es decir, rompe con el estamento y, sobre las ruinas de esta entidad colectiva, edificará las ideas de sujeto, individuo y ciudadanía. El grupo ha sido la unidad social básica de las sociedades premodernas y el individuo, el de las sociedades modernas occidentales. Sin embargo, ni la idea de grupo ni la idea de sujeto son hechos naturales, pues ambas categorías son realidades artificiales e históricas y, por ello, socialmente construidas.

La Ilustración fabricó la idea de sujeto político con la convicción de que esa realidad política garantizaría esos principios universales sobre los que se edificó la Modernidad: los principios ético-políticos de libertad e igualdad. ¿Cómo librar a los individuos del poder coactivo del grupo? ¿Cómo eliminar intensos espacios de control social que actuaban como verdaderas cárceles de esclavitud e infelicidad para hombres y mujeres? ¿Cómo articular políticamente una sociedad que liberase a los individuos de la pesada carga del grupo de pertenencia? En la Ilustración cristalizó la idea de que la democracia garantizaría la libertad del individuo frente a la comunidad y por eso la democracia se aseguró de no reconocer a los grupos ni tampoco de jerarquizar a los individuos según categorías. El sujeto sería la unidad básica de la sociedad: soberano absoluto en su casa y soberano compartido con los otros sujetos en la asamblea, en el ágora, en el espacio público-político.

Ahora bien, las entidades colectivas que en el pasado organizaban a los individuos, desarrollando su dimensión comunitaria y colectiva, no podían ser ahogadas del todo. El estado representaría esa parte sustancialmente colectiva. Parecía haberse hallado una buena fórmula y el liberalismo se apuntó el éxito de esta solución. Se había acabado el estamento en Occidente, pero había nacido el estado como una realidad política más imparcial, menos arbitraria, más neutra, más respetuosa con la libertad de los individuos. Y, al mismo tiempo, más coactiva con quienes aspiraban a vulnerar esa libertad. La fórmula parecía perfecta. El estado detentaría el monopolio de la violencia, pero al mismo tiempo protegería los derechos de los individuos, incluso frente al propio estado. Y, además, dejaría completamente libre de la coacción estatal un espacio: el privado-doméstico. El estado renunciaría a la intervención en ese espacio sagrado. Los lazos del amor, cuidado y, sobre todo, la autoridad marital y paterna se ocuparían de la regulación de este ámbito.

Sin embargo, la Ilustración europea no tenía una sola cara. Su raíz más coherente y genuina, la universalidad no excluyente, se convirtió en el fundamento de los derechos a la libertad y la igualdad de *todos* los seres humanos. Ahora bien, en la Ilustración convivieron con tensión una propuesta liberal y otra propuesta que aspiraba a la radicalización de la igualdad. Y esas dos Ilustraciones, salvo honrosas excepciones, estaban profundamente atravesadas por un pensamiento político androcéntrico que bloqueaba la universalidad sobre la que se edificó esa propuesta. El liberalismo sacralizó la idea de individuo poseedor y el derecho sagrado y natural a la propiedad privada, mientras que la propuesta radical rousseauniana enfatizó más la dimensión de la ciudadanía política y la crítica a la desigualdad económica. En todo caso, la solución liberal, como nos muestra la historia, ha encontrado un terreno fértil para desplegarse históricamente durante los tres últimos siglos, dando lugar a un individualismo más vinculado a la propiedad y al consumo que al ejercicio de una ciudadanía fundada en la universalidad de derechos.

Ambas Ilustraciones, la liberal y la demócrata radical, compartían un objetivo común, un interés excluyente: no reconocer a las mujeres como sujetos de razón ni tampoco como sujetos políticos. Condenarlas a la oscuridad de lo prepolítico, apartarlas de lo público-político, en fin, reintroducirlas en el espacio doméstico: espacio no remunerado ni tampoco generador de derechos. Las mujeres sólo participarían en el contrato social como pactadas, pero nunca como sujetos del pacto. Serían pactadas por los varones para ocuparse de la reproducción biológica y material, incluso podrían trabajar en las fábricas o en otros espacios del mercado laboral cuando fuese necesario, pero sin abandonar su ocupación principal: las tareas domésticas y de cuidados. Y este ámbito de adscripción sería el elemento principal de su definición como género. Por tanto, debe tenerse en consideración que ambas Ilustraciones se edificaron sobre la exclusión de las mujeres de lo público-político y ahí se fundamenta el carácter patriarcal de la Modernidad.

Por supuesto que estas dos Ilustraciones patriarcales fueron interpeladas por una Ilustración que reivindicó la universalidad de derechos para hombres y mujeres. Y la impugnación a esa forma patriarcal de concebir la universalidad sin las mujeres, fundamentada en la vindicación de libertad e igualdad para ellas, se convirtió en la génesis del feminismo. La obra de Mary Wollstonecraft constituye la interpelación más elaborada y moderna de esa Ilustración feminista.

No puede realizarse un análisis objetivo de la situación de las mujeres en el siglo XXI si soslayamos la existencia de esos otros dos tercios del mundo en los que no se ha llevado a cabo el proyecto de la Modernidad ni, en muchos casos, siquiera ha pasado los filtros de mínimos de los procesos de individuación. Con esto quiero señalar que en muchas partes del mundo algunas estructuras colectivas siguen articulando en lo fundamental la vida de las personas, y el estatuto de sujeto y el desarrollo de la subjetividad de las mujeres apenas han podido desplegarse. Más allá de cualquier valoración acerca de las diferentes formas de sociedad, lo que sí puede afirmarse es que las mujeres se encuentran en todas las partes del mundo con mayores obstáculos y barreras en su lucha por la conquista de recursos y poder que los varones. Y no pueden negarse los vínculos y conexiones entre el control de espacios de poder y de recursos y la conquista de la individualidad. Ahora bien, sí parece plausible afirmar que la subjetividad individual se fortalece cuando se debilitan los vínculos sociales del grupo de pertenencia. Y cuanto más intensos son los lazos sociales, mayor es el control social y la vigilancia sobre el individuo.

NUEVAS Y VIEJAS IDENTIDADES CULTURALES

En estos momentos, las sociedades occidentales se están enfrentando a muchos cambios sociales, algunos de ellos, intensos y acelerados. Cabe señalar dos de esas transformaciones debido al impacto que tienen sobre nuestras sociedades y sobre nuestras biografías individuales. El primero es el debilitamiento de las fórmulas comunitarias de vida sobre las que se asentaban en buena medida nuestras sociedades y, el segundo, es la crisis del estado-nación.

Quizá no tengamos bastante distancia histórica ni tampoco todos los elementos de juicio necesarios para identificar ni para interpretar correctamente todos los cambios que se están produciendo, pero, aun así, es plausible sostener que la figura solitaria del individuo poseedor de cosas, pero no sujeto de derechos, se alza sobre esa figura individual de ciudadanía detentadora de derechos universales y sobre el debilitamiento de algunas de las formas colectivas de vida en las que nos hemos socializado en el siglo XX en una gran parte del mundo. Las bajas tasas de natalidad, el aumento de hogares unifamiliares o la reducción de la familia después de la que tuvo lugar en los inicios de la Modernidad, y que sustituyó a la institución doméstico familiar medieval, explican esta afirmación. Probablemente están surgiendo otras formas de articulación colectiva que proporcionan sentido a los individuos, pero aún no están lo suficientemente configuradas como para identificarlas. Las nuevas formas de religión son fenómenos sociales que quizá puedan interpretarse como nuevos desarrollos de sociabilidad humana y como entramados que actúan como fuentes de sentido colectivo[5].

Al cabo, el sentimiento de orfandad de un "nosotros" se ha instalado en nuestras sociedades, cansadas de vivir un individualismo "posesivo"[6], egoísta, basado en el consumo y en la salvaguarda de los intereses individuales. Los "demás" parece que hubieran desaparecido de nuestro lenguaje moral y hayan sido sustituidos por el imperio de egos insolidarios que sólo persiguen intereses que, antes de ser satisfechos, ya han producido, a su vez, nuevas e incómodas insatisfacciones. Este individualismo se olvida de la historia, oscurece el pasado, silencia selectivamente la memoria colectiva y socava las raíces culturales a favor de estilos de vida que imponen la uniformidad social y la estandarización en las formas de vestir y pensar.

Este individualismo intenta borrar de la memoria la historia de luchas y resistencias contra las dominaciones, mostrando a éstas como procesos que forman parte de "un orden natural de las cosas". Se trataría de volver a la vieja idea premoderna de que los conflictos sociales son anomalías históricas, excepciones sociales, en definitiva, fenómenos extraños a las sociedades. Más bien son mostrados como experiencias antropológicas poco civilizadas y pertenecientes al pasado, en el sentido negativo del término: son manifestaciones bárbaras y obsoletas. En ocasiones incluso manifestaciones "terroristas". Estamos, pues, ante una deslegitimación sistemática del conflicto social. Esta tendencia a globalizar un individualismo "posesivo", basado en el consumo, en el dinero y en el sentimiento de poseer, está provocando una crisis profunda en las sociedades más ricas, pero también en muchas otras que son pobres. En efecto, las sociedades pobres se ven seducidas por el consumo y la riqueza, induciendo a sus miembros a confundir el consumo con el desarrollo y el desorden ilimitado del mercado con la Modernidad.

Como explica Bauman, la noción de identidad es producto de una crisis de inseguridad, algunas de cuyas causas estamos describiendo[7]. Es una respuesta a la orfandad de ese "nosotros" ahogado por una Modernidad secuestrada por un capitalismo posesivo y unos bárbaros patriarcados que buscan desesperadamente el máximo beneficio a cualquier precio y que intentan convertir en cautivos del consumo al mayor número de individuos. El impulso "natural" del capitalismo es la privatización de todos los recursos. Y el impulso "natural" de los patriarcados es mercantilizar a las mujeres: las maquilas, la industria de la prostitución, los dispositivos de control de los cuerpos y, en general, la objetualización del cuerpo de las mujeres forma parte de esa "natural" alianza entre ambos sistemas de dominio. Pero ésa es sólo una de las caras de la moneda. El otro rostro está marcado por la globalización informacional y las aceleradas transformaciones sociales de carácter global que nos empujan a construir asideros más estables que atemperen la ansiedad y la angustia que producen las nuevas formas de vida que se están imponiendo. Estamos, pues, ante algunas explicaciones plausibles que ponen de manifiesto la pluralidad causal del renacimiento de nuevos "nosotros". La construcción de nuevas identidades, basadas casi siempre en la elección selectiva de materiales culturales del pasado, es un hecho social difícilmente discutible que ocupa una buena parte del nuevo escenario histórico que se está creando.

En este punto conviene subrayar que el renacimiento de lo colectivo y la construcción de diversos "nosotros" es un proceso muy contradictorio, pues se apela a la tradición sin renunciar a la Modernidad, se reclaman selectivamente prácticas culturales del pasado siempre y cuando tengan una dimensión funcional y se revisitan tradiciones que se reinventan después a fin de satisfacer demandas de los grupos sociales dominantes. Sophie Bessis lo explica muy bien: "[...] la historia reciente nos enseña que la tradición no deja de reinventarse a través de insólitas apropiaciones de la Modernidad que, por su parte, también se impregna de recomposiciones de un pasado al que desprecia. Y lo que con frecuencia pensamos que está esculpido en el mármol del pasado es una tradición 'reciente'"[8].

Sin embargo, junto a una globalización tantas veces sin rostro humano, quizá reactivamente se estén reinventando auténticas prisiones identitarias en el seno de determinadas comunidades culturales. Por una parte, es necesario mostrar que Occidente levanta murallas en torno a colectivos de inmigrantes procedentes de esos otros dos tercios pobres del mundo a los que usa arbitrariamente en épocas de expansión y les niega la ciudadanía. Por otra parte, los varones, presos de esas "cárceles", edifican otros muros internos de exclusión para las mujeres en su propia comunidad. De modo que la cuestión de la identidad tiene muchos rostros, pues sirve tanto para reclamar derechos como para negarlos. Hay momentos históricos en los que la reivindicación de la identidad tiene ciertas dimensiones emancipadoras y otras, por el contrario, son auténticas cárceles en las que reina la presión y el control social. La sujeción de las mujeres ha sido una pieza clave para proteger las identidades debilitadas por la presencia del colonialismo. Así, convirtieron esta sujeción y los símbolos que la representaban en el último reducto de esa identidad, tal vez el único que el colonizador tuvo prohibido franquear[9]. Y hoy se vuelve a producir este proceso en algunas comunidades culturales de inmigrantes asentadas en los países desarrollados. Las mujeres de esas comunidades son "persuadidas" o presionadas para que se hagan cargo de los símbolos culturales que representan esa cultura: velo, pañuelo, matrimonios concertados, prohibición de contacto con personas de la cultura de acogida... Y las religiones refuerzan esas prácticas culturales.

En segundo lugar, la crisis del estado-nación, vinculada, sin duda, a los procesos de globalización económica, está teniendo numerosos efectos en nuestras sociedades. Una parte de esas consecuencias puede tener dimensiones negativas para las mujeres. En efecto, las políticas neoliberales recortan las redes de bienestar social y los derechos sociales —sin que importe si esos recortes se realizan en países pobres o ricos— y de esa forma feminizan la pobreza. Así, la violencia económica contra las mujeres se está imponiendo como una realidad social que, cuanta mayor dimensión alcance, más difícil será de desactivar en el futuro. Y la feminización de la pobreza no es un fenómeno exclusivo de los países pobres, pues en Europa se ha detectado una tendencia creciente en esa línea[10].

De otro lado, la separación entre el estado y la nación rearma ideológicamente la posibilidad de demandas "culturales", en muchos casos patriarcales, que socavan derechos de las mujeres. Bauman lo explica muy bien, aunque sin poner de manifiesto la dimensión perjudicial y el sesgo patriarcal que tiene para las mujeres: "No es extraño que en vista de la actual separación e inminente divorcio entre el Estado y la nación, del abandono por el estado político de sus ambiciones asimiladoras, su declaración de neutralidad respecto a las opciones culturales y su lavarse las manos ante el carácter crecientemente multicultural de la sociedad que administra, las visiones de la identidad llamada 'culturales' están volviendo a ponerse de moda entre los grupos que buscan puestos estables y seguros rodeados por las corrientes de un cambio incierto"[11].

América Latina y otras regiones del mundo nos muestran que el debilitamiento del estado facilita la economía criminal, da cabida a la corrupción político-administrativa y abre espacios a la impunidad, sobre todo en los países en los que el estado no está muy desarrollado y/o existen niveles significativos de pobreza. Todo ello, en clave feminista, se traduce en violencia sexual o muerte para muchas mujeres. El caso de los feminicidios en México y otros países centroamericanos explica muy bien este proceso que estoy describiendo. Asimismo, hay que tener en cuenta que en estos procesos identitarios la religión juega un papel central como estructura de control y como instrumento fijador de límites para las mujeres. La religión contribuye a sacralizar las tradiciones que se han reinventado y las que se han recuperado selectivamente para reducir la subjetividad femenina y para ampliar el poder comunitario de las fratrías masculinas.

Sin embargo, el diagnóstico de Castells es que habrá estado-nación durante bastante tiempo, pues "pese a su desbordamiento por flujos globales y a su debilitamiento por identidades regionales o nacionales, el Estado-nación no desaparece y durante un largo tiempo no desaparecerá, en parte por inercia histórica y en parte porque en él confluyen muy poderosos intereses, sobre todo los de las clases políticas nacionales, y en parte también porque aún es hoy uno de los pocos mecanismos de control social y de democracia política de los que disponen los ciudadanos"[12].

REFERENTES DEL MULTICULTURALISMO

El debate sobre el multiculturalismo comienza en los años noventa y en muy buena medida viene de la mano del teórico canadiense Charles Taylor con su reivindicación de reconocimiento para las comunidades culturales[13]. El telón de fondo de la teoría del reconocimiento es Québec, con la consiguiente afirmación de su identidad cultural y lingüística y con la reivindicación de su independencia política. De otro lado, pocos años antes habían comenzado en EE UU significativas movilizaciones sociales en torno a los derechos de diferentes minorías. Ambos hechos confluyeron en el surgimiento de este debate.

Por tanto, la ya histórica reivindicación de independencia de Canadá, las intensas movilizaciones por los derechos de las minorías en EE UU y las reflexiones teóricas de Taylor y otros autores sobre las demandas de reconocimiento para las comunidades culturales que se sienten inferiorizadas, discriminadas o sometidas a políticas asimilacionistas constituyen el telón de fondo sobre el que se asienta el debate sobre el multiculturalismo. Asimismo, los pueblos indígenas de América Latina, Centroamérica y otras comunidades culturales de Asia y África se aproximarán al multiculturalismo con el convencimiento de que esta teoría les permitirá dar cuenta de su situación como minoría, cultura o país oprimido. Y también, en este sentido, cabe señalar la importante contribución ideológica y política que se ha hecho a este debate a propósito de los colectivos de inmigrantes asentados en el tercio rico del mundo. En todo caso, y como he señalado anteriormente, el antiguo colonialismo y los nuevos "neocolonialismos" son los otros referentes que alimentan el debate teórico e ideológico en torno a este tema.

En el extremo opuesto a las reflexiones sobre multiculturalismo de Taylor y a las demandas de reconocimiento para las comunidades culturales sometidas a procesos de conquista, colonización y aculturización por parte de las culturas dominantes, se encuentra un libro, *El choque de civilizaciones*, escrito por Samuel Huntington, en el que se argumentan posiciones contrarias al multiculturalismo. Este autor sostiene que los conflictos fundamentales de nuestra época tienen un carácter cultural y de ahí deduce su tesis central: la inevitabilidad de los choques culturales. Afirma que los conflictos culturales sustituirán a los conflictos de clase en el siglo XXI. El problema para él es "la indigenización del mundo" y la crisis del modelo cultural occidental. En efecto, por una parte, el colonialismo europeo ha finalizado y la hegemonía estadounidense está retrocediendo[14]; y, por otra, a partir de los años ochenta y noventa van adquiriendo visibilidad otras culturas no occidentales, paradójicamente alentadas por sus democracias —modelos exportados por Occidente—, al adoptar esas sociedades instituciones que permiten el acceso al poder de movimientos indígenas y antioccidentales[15]. A lo largo de todo el libro se palpa la preocupación por la pérdida de hegemonía cultural, política y militar de EE UU y Europa. El subtexto presente en *El choque de civilizaciones* es la necesidad de reinstaurar la hegemonía de Occidente en su interior con políticas de asimilación cultural y, en el exterior, con estrategias de colonización cultural, económica y militar.

Sin embargo, no pueden obviarse dos objeciones a esta tesis: la primera de ellas es que los conservadores que se ven representados por los argumentos de Huntington ocultan los elementos de dominio político y económico que subyacen a estos conflictos denominados culturales y, la segunda, es que de esta formulación se deriva un muro infranqueable entre ellos y nosotros. En todo caso, lo significativo es que en estas dos últimas décadas se han configurado dos posiciones opuestas: de un lado, la de quienes argumentan la conveniencia de la hegemonía de Occidente y, de otro, la de quienes estiman que hay que reforzar las identidades de las culturas y minorías históricamente discriminadas e inferiorizadas por las identidades culturales hegemónicas. Aquellos que se identifican con la hegemonía de Occidente lo hacen en nombre de un falso universalismo y quienes critican el etnocentrismo occidental y celebran las identidades suelen hacerlo desde la postmodernidad, que ha hecho de sus críticas a Occidente uno de sus núcleos teóricos y políticos fundamentales[16].

Como se ha podido observar, en las tesis de Taylor se encuentra el fundamento de las políticas del reconocimiento y en las de Huntington hallamos argumentos para justificar las políticas asimilacionistas. Ni unas ni otras serán defendidas en este libro, porque el deficitario universalismo que propone Huntington ha de ser cuestionado a la luz de su ceguera frente al género, y también frente a otras dominaciones, y las políticas del reconocimiento que postula Taylor buscan fortalecer los códigos culturales de las diferentes comunidades como seña de identidad colectiva, pero sin poner en cuestión que una gran parte de esos códigos están profundamente marcados por los privilegios de las élites patriarcales.

En todo caso, la cuestión no radica en negar el reconocimiento a colectivos que han sufrido intensas y dolorosas experiencias de opresión, sino en situar el reconocimiento como una política útil en la búsqueda de una igualdad de derechos y de recursos que no sustente muros de incomunicación y fronteras infranqueables entre unos y otros. Del mismo modo, las políticas asimilacionistas tampoco aparecerán en este libro como un paradigma político deseable, pues la asimilación cultural y política niega de facto las raíces y las señas de identidad de cualquier grupo cultural y, por tanto, deja a los individuos huérfanos de su memoria histórica y descolgados de su pasado. Se trataría de encontrar una posición que, rechazando la asimilación, postule un universalismo amplio y verosímil y que, al tiempo, coloque el reconocimiento como una política no excluyente ni opuesta a ese universalismo ancho en el que todos y todas podamos reconocernos como iguales en derechos y en acceso a los recursos. Un universalismo verosímil, en la línea de la reivindicación del sujeto verosímil[17] que postula Celia Amorós, y "no sustitutorio", tal y como lo denomina Seyla Benhabib. La línea seguida por los teóricos del reconocimiento, básicamente por Kymlicka[18], en pos de una ciudadanía multicultural, y la de quienes sostienen a la postre posiciones bastante asimilacionistas, como la de Sartori o la de Oriana Fallacci, no facilitan la construcción de una ciudadanía políticamente integradora ni tampoco favorecen la reconstrucción de una universalidad más representativa en la que quepamos todos y todas. Las reflexiones que puedan fortalecer una respuesta teórica y política universalista de verdad, no excluyente, no ciega al sexo e integradora, debemos buscarlas en otros autores y autoras y en otras posiciones teóricas.

Al mismo tiempo, para entender en toda su complejidad el multiculturalismo hay que mostrar sus dos referentes sociales[19]: el primero de ellos es etnocultural, con frecuentes implicaciones religiosas y, el segundo, está vinculado a los nuevos movimientos sociales y a la configuración política de las minorías. Dicho en otros términos, el multiculturalismo tiene dos referentes: las comunidades culturales, lingüísticas y religiosas, de un lado, y el vinculado a nuevos movimientos sociales y minorías políticas, de otro. El origen del multiculturalismo es básicamente cultural, pero su surgimiento estuvo acompañado de movilizaciones políticas en EE UU en favor de la lucha por los derechos civiles de la población negra y de otras minorías oprimidas. Y estos dos rostros han marcado poderosamente el debate en torno al multiculturalismo.

Pues bien, desde análisis feministas se ha trabajado en las dos direcciones para conciliar feminismo y multiculturalismo: en el primer sentido, *las mujeres son conceptualizadas como una cultura*. Es decir, a lo largo de la historia las mujeres habrían producido una serie de prácticas materiales y simbólicas que las convertirían en una cultura. Las pensadoras de la diferencia sexual de la Librería de Milán representan muy ajustadamente esta posición. Enfatizan, sobre todo, las diferencias entre hombres y mujeres. Luisa Muraro expone este punto de vista[20]. Esta posición no es, sin embargo, de fácil argumentación, pues los espacios sociales que ocupan las mujeres no han sido el resultado de una elección libre, sino de una asignación patriarcal. Las mujeres son la mitad de la población, y muchas de las prácticas materiales y simbólicas adjudicadas a las mismas son marcadamente opresivas, pues las alejan de los recursos y las sitúan como subordinadas al genérico de los varones. Susan Wolf lo explica muy bien cuando dice que no "hay una herencia cultural separada clara o claramente deseable que permita redefinir y reinterpretar lo que es tener una identidad de mujer"[21]. Quizá se pudiese hablar de las mujeres como una subcultura. En efecto, las mujeres tenemos asignados valores, roles, lugares precisos y subordinados en la estratificación social y la sociedad tiene unas expectativas tan exigentes sobre las mujeres y unas herramientas tan poderosas para que las cumplan, desde el ridículo hasta la violencia, que han constituido una especie de naturaleza social que comparten muchas de ellas. Estas potentes asignaciones patriarcales han sido resignificadas por las mujeres a lo largo de la historia y esa operación de redefinición de valores y prácticas podría ser leída como una subcultura.

Por otra parte, las mujeres, como todos los seres humanos, no recibimos pasivamente los mandatos y las definiciones sociales que son producidos y enviados desde las diferentes instancias de socialización. Las definiciones sociales y los mandatos de género condicionan, sin duda, nuestra existencia social, pero no la determinan por completo. Si así fuera, estaríamos negando los principios de libertad y autonomía. Cuando los individuos interiorizan el mandato, lo redefinen en función de su irreductible subjetividad, de su biografía individual y de su adscripción al colectivo de pertenencia. Con todos esos elementos operan socialmente los individuos: unas veces con más capacidad de maniobra y otras con menos. Ahora bien, la resignificación de lo recibido no nos autoriza a afirmar que nos hallamos ante una cultura.

En el segundo sentido, las mujeres marcadas por la raza, la etnia, la sexualidad u otros modos de estratificación y exclusión se acogen a las políticas multiculturalistas de reconocimiento como vía de obtención de recursos económicos, políticos, culturales u otras formas de reconocimiento vinculadas a su definición como subordinadas. El análisis feminista sobre el multiculturalismo, por tanto, tiene que estar vinculado a estas dos dimensiones, pues sin estos dos referentes, el de la cultura y el del movimiento social, este debate difícilmente se puede entender en toda su complejidad. Las feministas que defienden esta alianza entre el feminismo y el multiculturalismo suelen considerar que su pertenencia a minorías y comunidades es tan determinante que quiebra la propia idea de "mujeres". En general, la posición más frecuente entre las feministas multiculturalistas es enfatizar la opresión cultural, económica, racial o sexual de la minoría a la que pertenecen y, por ello mismo, cuestionar la categoría "mujeres". Es decir, insisten en la noción de minoría negra o chicana o lesbiana, entre otras, y al mismo tiempo, en parte debido a la influencia postmoderna, cuestionan la categoría "mujeres" porque esta noción, a su juicio, oscurece la necesaria visibilización de las diferencias entre ellas. Sin embargo, cabe señalar que algunas teóricas o activistas que cuestionan esta noción por su carácter homogeneizador realizan análisis similares con los conceptos de raza, sexualidad, etnia o clase. Dicho en otros términos, si se cuestiona el concepto de mujeres, habría que hacer lo mismo con el de mujeres negras, mujeres lesbianas, mujeres pobres o mujeres chicanas o latinas. Si llevamos hasta el final este análisis, nos quedaremos sin conceptos que nos hagan legible el sistema de dominio masculino.

Sophie Bessis, Celia Amorós o Seyla Benhabib proporcionan quizá los cauces más atemperados para corregir los excesos del multiculturalismo sin desembocar en posiciones etnocéntricas. Lo fundamental es dotarnos de elementos para construir una argumentación intercultural desde una perspectiva feminista. Bessis explica que Europa ha tejido desde el Renacimiento hasta aquí una invisible ideología de la supremacía de

Occidente, sólo interrumpida por la Ilustración y la producción del principio de universalidad. Sin embargo, la Ilustración europea no sólo ha producido este principio fundante de la igualdad y de la propia idea de humanidad, sino también los mecanismos que hacen posible la interrupción de ese principio. Recuperar en su plenitud el principio ilustrado de universalidad es poner las bases de una Europa intercultural, integradora y mestiza que gestione con flexibilidad todas aquellas diferencias que no se traducen en desigualdades. Las nociones de interculturalidad, universalidad e integración están estrechamente vinculadas porque las tres categorías fortalecen la idea de humanidad. Por el contrario, algunos intelectuales defienden la idea de Europa como una fortaleza asediada por los "otros" e inspiran las medidas excluyentes de inmigración que consolidan la idea de una ciudadanía de segunda[22]. Pese a que estos autores critican con mucha razón el islam fundamentalista y aquellas religiones que se basan en el imperio de la religión en el espacio político, es decir, en la invasión de la ética sobre la política, cometen el error de hacer de la idea de la superioridad ética de Occidente un paradigma político[23]. Y esa idea es un argumento muy fuerte en la legitimación de una visión etnocéntrica que puede jerarquizar las culturas y las civilizaciones. Lo específicamente feminista es cuestionar los valores, comportamientos, prácticas, estratificaciones y jerarquías que fundamentan la desigualdad entre los sexos desde un punto de vista intracultural y transcultural.

MULTICULTURALIDAD

La *multiculturalidad* es una categoría que señala la existencia de comunidades culturales, raciales, lingüísticas y/o religiosas distintas que coexisten o conviven en un marco político definido por el estado-nación. Este concepto tiene un carácter descriptivo, pues, lejos de prescribir las formas en que deben gestionarse las diferencias culturales o religiosas, simplemente da cuenta empírica de las mismas. La multiculturalidad no es un hecho social específico de la Modernidad. Si bien este concepto se ha acuñado recientemente, el fenómeno social que subyace a esa noción es antiguo. La mezcla de grupos humanos distintos entre sí coexistiendo en un mismo espacio político es un hecho histórico recurrente. La multiculturalidad, entendida como una manifestación de la diversidad y de la presencia en una misma sociedad de grupos con diferentes códigos culturales, no es una condición singular de la cultura moderna, es la condición normal de toda cultura[24]. Por lo tanto, la respuesta no es tanto afirmar si son deseables las sociedades multiculturales como señalar que son sencillamente inevitables.

La mayoría de las sociedades del mundo pueden ser descritas como sociedades multiculturales. O bien las comunidades étnicas o bien la inmigración o bien la existencia de otras minorías convierten a casi todas las sociedades en multiculturales. Los actuales procesos de globalización y sus herramientas fundamentales, las nuevas tecnologías informacionales, están ahondando este proceso de diversas formas. De un lado, las políticas de globalización neoliberal están empujando a sectores de la población de los dos tercios pobres del mundo a abandonar sus países de origen y a elegir país de destino en el tercio rico. Pero, además de este movimiento migratorio, existen otros desplazamientos a países próximos o más alejados que necesitan mano de obra barata, tanto entre los países ricos como entre los pobres. Asimismo, refugiados y desplazados de unos países a otros, de unas regiones a otras, proporcionan elementos de multiculturalización a las sociedades. Y tampoco hay que olvidar algunos microprocesos migratorios debidos a la búsqueda de otras formas y estilos de vida. Además, la globalización económica y el Nuevo orden internacional que se está edificando, dominado en buena medida por EE UU, están alimentando diversos nacionalismos y fundamentalismos. Estos movimientos de carácter diverso se resisten tanto a los procesos de estandarización cultural impulsados por EE UU como a la subordinación política y económica que impone el viejo imperio norteamericano a los países que no pueden o no quieren negarse a sus exigencias. Las afirmaciones identitarias se producen no sólo por los colectivos de inmigrantes, sino también por las comunidades culturales históricas que existen en el interior de los estados de muchos países, ricos o pobres. En este sentido hay que señalar que las razones y los intereses, a veces divergentes, de diversos grupos sociales dificultan la definición normativa y organizativa de los movimientos antiglobalización y, en consecuencia, sus estrategias políticas. Y estos mismos hechos son un obstáculo en la construcción de una utopía colectiva de transformación social. Intereses contrapuestos y puntos de vista divergentes no favorecen la construcción de una agenda política progresista global.

MULTICULTURALISMO

El concepto de *multiculturalismo* tiene un carácter normativo, pues el a priori del que parte es que las diferencias culturales son buenas en sí mismas. Y además, en primera instancia, no discierne entre las distintas prácticas culturales. El subtexto de la lógica multiculturalista es la bondad de las diferencias, sean éstas culturales, raciales o de cualquier otro tipo. El multiculturalismo más atemperado parte del supuesto de que los grupos culturales y las distintas minorías deben ser titulares de derechos como lo son los individuos. Y el multiculturalismo más radical considera que la titularidad de los derechos corresponde a la comunidad en mayor medida que a los individuos, sobre todo en el caso de conflictos entre ambos. Para este paradigma político, los grupos deben ser el fundamento de la estructura de la sociedad y deben estar en la base de cualquier formulación social. El multiculturalismo prioriza al grupo sobre el individuo y, al hacerlo, abre el camino a los derechos colectivos. Y, como veremos posteriormente, de este análisis se deriva una nueva configuración de la democracia, al poner en cuestión tanto la idea de individuo, como fuente única de adopción de decisiones, como la propia categoría de representación política. El multiculturalismo, más que un concepto, es una lógica intelectual, normativa y política que postula complacientemente las diferencias y propone su gestión política.

El multiculturalismo se configura como un paradigma que intenta dar una respuesta a los problemas sociales que plantean las sociedades multiculturales. Sin embargo, el problema aparece cuando se hace de la diferencia el supremo bien moral. En primer lugar porque todas las diferencias no son aceptables éticamente: sólo lo son aquellas que amplían derechos y no los vulneran. En segundo lugar porque dar a las diferencias un lugar social preeminente puede producir quiebras en la cohesión social. Y en tercer lugar porque las diferencias, cuando se radicalizan, pueden desembocar en fronteras y exclusiones. Y, además, la celebración de las diferencias puede llegar a ser un serio obstáculo en la construcción de un proyecto político de transformación social.

Así, Garzón Valdés distingue entre sociedades multiculturales en sentido fuerte y sociedades multiculturales en sentido débil. Le parecen éticamente reprobables las primeras, porque en ellas las diferencias culturales son prácticamente irreductibles, y éticamente aceptables e incluso deseables las segundas, porque en ellas las diferencias son secundarias[25]. Asimismo, Touraine diferencia entre un multiculturalismo radical y otro más templado. Estemos de acuerdo o no con la tesis de Garzón Valdés, tal y como señala Nancy Fraser, el multiculturalismo no puede ser indiscriminado, porque entonces desemboca en el relativismo absoluto y en la indistinción de las diferencias.

Desde un punto de vista socio-político, el relativismo cultural indiscriminado puede conducir a la segregación y al gueto[26].

El multiculturalismo surge para dar respuesta a la existencia de grupos sociales oprimidos o a aquellos que subjetivamente perciben falta de respeto social. Y, al mismo tiempo, el multiculturalismo contribuye a visibilizar a los grupos sociales y a las comunidades culturales que aspiran a convertirse en actores colectivos. De otro lado, el multiculturalismo pretende aportar claves explicativas y soluciones políticas al rápido crecimiento de conflictos vinculados al aumento de la diversidad cultural interna de nuestras sociedades. Los conflictos más frecuentes son aquellos que tienen un carácter intercultural, interétnico e interreligioso. Según un informe de Naciones Unidas, el 70 por ciento de los conflictos mundiales ha tenido lugar en el interior de los países y sólo el 30 por ciento entre países[27]. Todos los datos indican que una gran parte de los conflictos en las sociedades modernas están vinculados a las relaciones entre culturas y religiones. Los colectivos de inmigrantes y las propias comunidades culturales son una fuente inagotable de diversidad cultural. De hecho, la diversidad cultural y la desigualdad conviven y están presentes en mayor o menor medida en todas las sociedades. Ahora bien, hay que reflexionar hasta qué punto el modelo multiculturalista puede profundizar las democracias y hasta qué punto puede transformar la representación política a efectos de ampliar la ciudadanía. Es decir, de qué forma puede ensanchar la ciudadanía sin levantar fronteras entre los diversos grupos y colectivos sociales.

¿La democracia multicultural puede ser la respuesta a las viejas democracias formales de ciudadanos libres e iguales? ¿El multiculturalismo es incompatible con los modelos universalistas de justicia e igualdad? ¿El multiculturalismo tiene algún compromiso con la igualdad? ¿Los grupos sociales que componen nuestra vida social deben mirar hacia la diferencia o hacia la igualdad? ¿Todas las identidades culturales de los grupos sociales deben ser fomentadas y ser merecedoras de reconocimiento público y representación política? ¿Puede hablarse de distintas versiones de multiculturalismo? ¿Existe una relación necesaria entre multiculturalismo y relativismo cultural? ¿Los grupos sociales pueden ser merecedores o titulares de derechos como lo son ahora los individuos? ¿Cuál es la relación entre multiculturalismo, ampliación de la participación política y legitimidad democrática?

La postmodernidad y el relativismo cultural postulan la institucionalización de las diferencias como el núcleo de la identidad moral de las sociedades modernas. Estas teorías aspiran a redefinir la ciudadanía a partir de la expansión y/o el redescubrimiento de las identidades culturales. Señala Donati, asumiendo posiciones postmodernas, que en las sociedades actuales los problemas se trasladan del terreno político al cultural. Estos enfoques enfatizan la idea de que el universalismo moderno es abstracto y colonizador y, por ello, imperialista y mass-mediatizante[28].

¿En qué concepto de cultura se sustentan aquellas posiciones que intencionada o inintencionadamente desembocan en el establecimiento de fronteras entre ellos y nosotros, ellas y nosotras? Los multiculturalistas radicales tienen una visión holística de las culturas, como si fuesen totalidades sin fisuras, entidades prerreflexivas, realidades hipercoherentes, como si las comunidades culturales no fuesen dinámicas y no estuviesen expuestas a encuentros con otras culturas y, por tanto, fuesen ajenas a procesos de cambio social. Toda cultura está construida sobre estratificaciones sociales, marcadas por las diferencias económicas o de estatus o de género. Las comunidades culturales producen estructuras sociales en las que el género, los recursos o la raza —entre otras— son variables de diferenciación y de desigualdad[29]. Es importante señalar que las investigaciones antropológicas feministas han puesto de manifiesto que la división sexual del trabajo es la estructura central sobre la que se asientan todas las sociedades conocidas hasta ahora. Y es, precisamente, esta estratificación la columna vertebral sobre la que están edificados los patriarcados contemporáneos[30].

Los multiculturalistas más radicales suelen tener un concepto más bien esencialista de las culturas. Rorty ilustra muy bien el argumento que sostiene que las culturas son irreductibles y los valores intraducibles de una cultura a otra. Este filósofo señala que el científico social de Occidente tiene que solidarizarse con la otra cultura y mostrar metodológicamente la actitud del observador distanciado, dado que no se puede trascender la autocomprensión de la propia cultura[31]. ¿Con quién tenemos que solidarizarnos las mujeres, con aquellas que son objeto de mutilación genital o con la cultura a la que pertenecen? Este punto de vista tan esencialista y holístico obstaculiza gravemente la posibilidad del diálogo entre las culturas y, desde luego, daña seriamente la libertad de las mujeres cuando las prácticas culturales son opresivas para ellas.

Las versiones multiculturalistas radicales tienden a analizar como secundaria cualquier opresión que no sea la cultural. Y de esta forma oscurecen todas aquellas estratificaciones que promueven y reproducen la desigualdad, al tiempo que suelen obstaculizar el hecho de que en los individuos interseccionan distintas identidades y distintas desigualdades. Lo que quiero destacar es que los relativistas más radicales y los multiculturalistas más indiscriminados parten de un concepto de cultura tan monolítico que sus investigaciones silencian las estratificaciones y las dinámicas internas de cambio social que tienen lugar en las comunidades culturales. El punto crucial se encuentra en la evaluación de las distintas diferencias, pues una parte de las mismas son el resultado de intensos procesos de opresión construidos en periodos históricos muy amplios[32]. En otros términos, el feminismo es un discurso y una práctica política que cuestiona las posiciones más indiscriminadas y radicales del multiculturalismo cuando éste silencia las estructuras de poder existentes en todas las comunidades culturales.

La exaltación de la diversidad cultural, sin embargo, no significa necesariamente mayor desarrollo moral. Ni toda diversidad ni toda diferencia son éticamente aceptables, ni todo punto de vista cultural tiene en sí mismo valor ético[33]. La cultura y la moral son ámbitos distintos: "No es lícito moralmente aceptar incondicionalmente toda variedad de vida por el solo hecho de ser diferente. La diversidad, tomada en sí misma, no tiene ninguna connotación moral positiva. Ni toda experiencia nueva es saludable ni todas las formas de vida son moralmente legítimas"[34]. Las prácticas culturales y las formas de vida diferentes son dignas de protección y defensa sólo si no vulneran los derechos de los individuos. La mutilación genital femenina, la poligamia, el burka o los crímenes de honor son prácticas culturales que no amplían el contexto moral.

Las culturas, cuanto más herméticas, homogéneas y acosadas se autoperciben, en la medida en que tienen concepciones fuertemente comunitaristas, más coactivas suelen ser con las mujeres, porque suelen apelar a la tradición como fuente de legitimación y la tradición, inevitablemente, es sinónimo de subordinación para ellas. Y cuando la tradición no justifica lo suficiente la sumisión y la desigualdad aparece el fantasma de la "mujer imaginada" como fuente de legitimación. Si el modelo de la tradición no existe, se inventa. Éste es el ejemplo del hiyab. Sophie Bessis lo explica muy bien a propósito de las mujeres árabe-musulmanas: "El nuevo contrato de sociedad que se propone —o impone— a las mujeres árabe-musulmanas tiene el estigma de una regresión, sin que se pueda por otro lado hablar de un retorno a la tradición. La victoria indiscutida del hiyab sobre las antiguas formas de cubrirse demuestra que estas últimas han muerto, si bien, en algunas zonas perdidas, su cadáver todavía se mueve"[35].

El paradigma multiculturalista tiene que dar respuesta a problemas centrales para la supervivencia de una sociedad. Y, además, tiene que darlos garantizando los principios de libertad e igualdad si quiere ser un pensamiento y una práctica política progresista y crítica con las subordinaciones y las jerarquías sociales no legítimas. Por tanto, la primera cuestión que tiene que resolver el multiculturalismo es asumir la igualdad de género como valor central de cualquier comunidad en lugar de apoyar, restituir o redefinir las tradiciones opresivas para la libertad de las mujeres. La segunda cuestión que debe resolver este paradigma reside en las formas en que se pueden conjugar los derechos individuales y los derechos de las comunidades culturales y las minorías oprimidas. Hay una tercera cuestión central para la reproducción de una sociedad en la que existen comunidades culturales y grupos sociales políticamente significativos: ¿cómo mantener la cohesión y la unidad en una sociedad que apuesta por la ciudadanía cultural y por el fortalecimiento de los grupos culturales? ¿Es posible conjugar la unidad de una sociedad con la diversidad de culturas y de grupos sociales? ¿Se pueden combinar formas sociales y formas culturales lo bastante autónomas como para permitir que en una misma sociedad convivan varias culturas y en la misma área cultural coexistan varias formas de organización social?[36] La cuestión a debatir es si una sociedad debe proteger y exaltar las diferencias en su irreductibilidad, con la consiguiente quiebra de la cohesión social, o si deben buscarse valores universales que hagan compatible las diferencias y garanticen la unidad social.

Este problema nos remite, de nuevo, al debate entre las tesis universalistas y las de la diferencia. Si la Modernidad no ha solucionado el problema del vínculo comunitario, la postmodernidad, el comunitarismo y el relativismo cultural, con su exaltación de las diferencias, tampoco lo resuelven. Estas perspectivas en muchos casos proponen la disolución de algunos vínculos por considerarlos opresivos o despóticos y en otros muestran tendencias profundamente excluyentes hacia colectivos contra los que a veces refuerzan su identidad.

Salvador Giner[37] argumenta la necesidad de construir principios éticos universales frente a las posiciones que exaltan moralmente la diversidad y las diferencias. Tras subrayar la necesidad de una constitución moral para la sociedad basada en una ética universal, señala que esta convicción no se basa en un acto de fe, sino en una interpretación sociológica estricta de la producción social de la moral. Los principios morales se infieren de la necesidad de cohesión social. Sociedades fuertemente heterogéneas, fragmentadas y multiculturales, con intereses divergentes y a veces incompatibles, necesitan producir una moral autónoma que no represente los intereses de un sector específico de la sociedad.

Se pregunta Giner si hay espacio para la construcción autónoma de la moral. ¿Puede un ser social deliberar racionalmente acerca del bien y del mal, lo justo y lo injusto, libre de presiones sociales? ¿Es posible y deseable la construcción de un interés común que actúe a modo de urdimbre moral de la sociedad? El interés común sólo puede surgir de la crítica y la razón como expresión de la reflexividad humana. La moral debe ir más allá del mundo inmediato de la pluralidad de opiniones del presente y este hecho es el que la impulsa a la universalidad. La heterogeneidad de las sociedades modernas es precisamente la que trae consigo la posibilidad de que aparezca una conciencia moral autónoma. Subraya este autor que a las morales individuales, sectarias, clasistas, gremiales, se enfrenta, por la lógica misma del orden de la Modernidad avanzada, la moral común. El interés común no puede ser el resultado de la suma de los intereses de diversos grupos, porque éstos suelen ahogar los intereses de las minorías y de los individuos más débiles, aun cuando gocen de la protección de las instituciones democráticas. Concluye Giner que el interés común no existe: se construye. Es un imperativo ético al que debe tender la sociedad y, al mismo tiempo, el núcleo de su cohesión.

Las democracias multiculturales pueden constituirse aumentando la libertad e igualdad de los individuos y colectivos siempre y cuando las diferencias que se reconozcan políticamente sean producto de una exclusión social. Aun así, la construcción de un interés común guiado por valores éticos universales es la garantía de que la multiculturalidad se oriente hacia la interculturalidad, es decir que las diferencias no se trastoquen en irreductibles e inconmensurables, sino que, por el contrario, se debiliten las distinciones jerárquicas y se produzcan nuevos mestizajes.

En este contexto podríamos distinguir tres modelos de multiculturalismo:

Multiculturalismo ornamental[38]: éste es un tipo de multiculturalismo en el que se exalta la diversidad cultural acríticamente y sin distinguir las diversidades. Parte del supuesto de que las diferencias enriquecen a las sociedades y las mejoran moralmente, pero no discierne entre aquellas diferencias que son producto de las opresiones y aquellas otras que se han formado para mantener y reproducir los sistemas de dominio. La exaltación del folclore, de cualquier práctica cultural y de los estilos de vida más "exóticos" están en la base de este multiculturalismo.

Multiculturalismo relativista: este modelo enfatiza la singularidad de cada comunidad cultural o de cada minoría o grupo social sin mostrar los vínculos y conexiones con otras culturas o grupos sociales. En este modelo se encuentra un subtexto que apunta hacia la irreductibilidad e inconmensurabilidad de cada comunidad cultural. Fija su mirada en la diferencia, en lo particular y en lo local, pero desatiende lo global y lo universal.

Multiculturalismo intercultural: en este modelo, la comunidad cultural o el grupo social propios son objeto de mirada crítica y de reconocimiento a la vez. Reconocimiento de su pasado y su presente: de sus luchas y resistencias, de su desigualdad y opresión, de sus raíces y proyectos futuros. Hay reconocimiento y reivindicación de su memoria histórica. Pero, al mismo tiempo, debe mirar críticamente en su interior. La red de relaciones de poder sobre la que se asienta esa sociedad[39] y el conjunto de definiciones sociales que alimentan el imaginario colectivo deben ser sometidos a crítica. En este modelo, se aspira a conjugar las reivindicaciones de las culturas y de los grupos sociales con la afirmación indiscutible del sujeto. Su énfasis es explorar lo común y reafirmar la solidaridad sin olvidar las legítimas singularidades de cada comunidad. Y su objetivo final es construir una nueva y flexible utopía que combine lo local y lo universal, lo particular y lo global. En ese objetivo final, el capitalismo y el patriarcado deben ser evaluados como sistemas de dominio que deben ser desactivados. En este multiculturalismo atemperado se individualizan y se muestran las diferencias de raza, clase, género, étnia o preferencia sexual, pero se explora lo común tanto de las experiencias históricas de opresión como de sus proyectos utópicos.

APORTACIONES DEL MULTICULTURALISMO

En principio, puede decirse que la aportación fundamental del multiculturalismo a los pensamientos políticos críticos ha sido ofrecer un marco que haga relevante la idea de grupo y minoría y, además, cuestionar un concepto de universalidad de derechos que en tantas ocasiones no ha sido universal para las mujeres y para otros colectivos sociales oprimidos o explotados o subordinados. Señala Amelia Valcárcel muy lúcidamente que el relativismo, sin pretenderlo, ha oficiado como aliado del feminismo, pues las feministas nos hemos servido del relativismo para relativizar nuestra asignación genérica. Pues bien, en el tema del multiculturalismo quizá tengamos que reconocer que muchas feministas han acudido a él con la esperanza de que contribuyese a visibilizar a las mujeres pertenecientes a las comunidades culturales y grupos sociales oprimidos. Y desde ese punto de vista nos hemos servido, casi sin darnos cuenta, del marco del multiculturalismo para ensanchar la mirada feminista.

En este sentido, el multiculturalismo ha sido un poderoso aliado a la hora de introducir críticamente en la agenda política la cuestión colonial y los efectos que ese fenómeno ha producido sobre las mujeres de los países colonizados y de los pueblos originarios que existen en esos países. En efecto, los procesos de colonización dejaron huellas profundas en los países colonizados, en muchos de los cuales la población original vive entre la exclusión social y la inferioridad cultural. América Latina y Centroamérica están profundamente marcados por la diversidad cultural derivada de su historia colonial. Y esta diversidad cultural está en la base de estructuras fuertemente estratificadas en función de variables como la etnia o la raza.

Asimismo, el multiculturalismo ha proporcionado claves políticas a colectivos de inmigrantes instalados en los países de acogida del Norte. Este paradigma ha contribuido a visibilizar a estos grupos y el resultado ha sido la politización de su presencia social en los países de acogida. Saskia Sassen conceptualiza a estos migrantes como nuevas "clases de servidumbre". En efecto, el rico y desarrollado "primer mundo" obtiene su mano de obra más barata y precaria entre los inmigrantes que ahora desempeñan los trabajos que anteriormente ocupaban los sectores sociales autóctonos menos cualificados. El multiculturalismo ha sido un poderoso aliado a la hora de rearmar ideológicamente a los sectores más críticamente concienciados de la inmigración, pues les ha proporcionado el marco que ha hecho posible que se vean a sí mismos como un grupo marcado por la explotación y la inferioridad cultural.

El aspecto más interesante del multiculturalismo es, sin duda, su vertiente crítica, pues, al enfatizar el respeto a las singularidades y diferencias de cada cultura o grupo social, desemboca en una crítica a la uniformidad social que impone la cultura mayoritaria de cada sociedad. Por eso, el multiculturalismo ha sido analizado como una reacción resistencial de culturas inferiorizadas, minorías oprimidas y grupos de inmigrantes ante el miedo a perder su identidad frente a la cultura dominante. El multiculturalismo ha puesto al descubierto con gran rotundidad la cuestión del asimilacionismo y ha denunciado el ejercicio de políticas que obstaculizan o impiden la preservación de la lengua propia y prohíben las prácticas culturales que dan sentido a los individuos que pertenecen a una comunidad.

Por eso, uno de los méritos de las ideas multiculturalistas es su reacción contra la uniformización del mundo. La globalización en estos últimos años se ha manifestado en gran medida en forma de políticas neoliberales que han extendido el mercado a todos los rincones del planeta y a muchas esferas de la vida social y personal que anteriormente no habían sido objeto de privatización. La extensión cuantitativa y cualitativa del mercado, es decir, los procesos de globalización del capitalismo, han tenido como efecto no sólo una tendencia hacia la uniformización de estilos de vida o de formas de vestir, sino también otro tipo de uniformización ideológica en términos de formas de pensar acordes con el espíritu del capitalismo neoliberal.

Cuando el multiculturalismo traspasa estas frágiles barreras e intenta convertirse en un paradigma político se transforma en una fuente de tensiones para las mujeres y para el feminismo. La cuestión central es si reforzamos los grupos sociales o tendemos a fortalecer a los individuos. Es necesario proteger a los grupos sociales oprimidos y aplicar políticas de reconocimiento para compensar su inferioridad cultural y su explotación económica, pero esa posición no puede llevarnos por la senda de sacralizar a esas comunidades y pensarlas en términos de sujetos de derechos, pues esa visión nos impediría ver la red de relaciones de poder que hay dentro de sus comunidades.

La sacralización de las comunidades culturales y de las minorías suele tener como consecuencia el fortalecimiento de la identidad de grupo y el aumento del control social sobre los individuos que los forman. Y este control social —inherente a causa de los procesos identitarios— merma la subjetividad de las mujeres.

MULTICULTURALISMO Y 'FEMINISMOS DE COLOR'

El feminismo pronto se incorporó al debate sobre el multiculturalismo, sobre todo el feminismo norteamericano y el de los dos tercios pobres del mundo, hasta el extremo de que éste se convirtió en una lógica teórica y política que dio voz a mujeres que no se sentían cómodas dentro del movimiento. Estas mujeres que se aproximaron al multiculturalismo pusieron sobre la mesa la necesidad de replantear el proyecto político feminista a la luz de estructuras sociales como la raza, la etnia o la sexualidad. De esta forma comenzó una estrecha alianza entre sectores del feminismo y del multiculturalismo que se ha traducido en significativos debates teóricos y políticos y en abundante bibliografía.

El debate multicultural ha entrado en el movimiento feminista, sobre todo en EE UU, con mucha fuerza, enfatizando las diferencias entre mujeres de diferentes razas, etnias, culturas, clases sociales y sexualidades. El núcleo originario de este debate surgió allá por los ochenta entre las feministas partidarias de la igualdad y las de la diferencia. El debate multicultural se ha superpuesto a éste introduciendo nuevos elementos de fragmentación en el seno del movimiento. Señala Nancy Frazer que en EE UU estos debates han atravesado dos fases. En la primera, que duró desde finales de los sesenta hasta mediados de los ochenta, la atención se centraba básicamente en las diferencias de género. En la segunda fase, desde mediados de los ochenta hasta ahora, el interés se ha desplazado a las "diferencias entre mujeres"[40].

Así como diversos grupos sociales reclaman el reconocimiento social de su identidad, también se observa que en el seno de esos grupos surgen subgrupos que demandan el reconocimiento de su particularidad. El movimiento feminista ha vivido y vive ese proceso con tensión. En EE UU, negras, hispanas, indígenas, asiático-americanas de todas clases, así como otras mujeres de clase obrera o lesbianas, no se han identificado con las mujeres blancas de clase media que han estado en la vanguardia del movimiento feminista[41]. La traducción política de este debate intelectual introduce un interrogante: ¿el movimiento feminista debe buscar la integración o la segregación? En esta discusión interna del movimiento feminista, el pensamiento postmoderno y diversos relativismos han defendido un multiculturalismo indiscriminado. Algunos desarrollos del pensamiento feminista de la diferencia han encontrado en la postmodernidad su instrumento de legitimación política e intelectual[42].

Para entender en su complejidad "los feminismos de las mujeres de color" en EE UU y otras perspectivas similares en otras partes del mundo es necesario investigar sus referentes polémicos y conciliadores, además de su génesis social e intelectual. Estos feminismos hunden sus raíces en las filosofías de la diferencia. Ahora bien, esta filiación no significa que estos feminismos reivindiquen políticamente el feminismo cultural norteamericano. No lo reivindican porque el feminismo cultural eleva a paradigma político la diferencia de género entre hombres y mujeres y estos nuevos feminismos reivindican las diferencias entre las mujeres, sean las diferencias de raza, de etnia, de clase o de preferencia sexual, entre otras. Mientras que el feminismo cultural reivindicaba un sujeto político colectivo compacto y único que representase a todas las mujeres, el feminismo de las mujeres de color pone en cuestión la existencia de ese "nosotras" y argumenta que la diversidad entre las mujeres ha acabado con ese sujeto colectivo, si es que alguna vez existió. Según los feminismos de color, hay que pensar desde otros parámetros y elaborar estrategias que no se edifiquen sobre un único sujeto colectivo, sino sobre una amplia variedad de sujetos políticos colectivos.

El paradigma político de la diferencia en los feminismos de color no está al servicio de la diferencia de género, sino de las diferencias entre las mujeres de distintas procedencias sociales, culturales, raciales y sexuales, tal y como señala Nancy Fraser[43]. Y es, precisamente, este paradigma político el que anida en el corazón del multiculturalismo. Ni siquiera se trata de visibilizar diferencias, sino de afirmar políticamente la función creativa y política de la diferencia, tal y como sostiene Audre Lorde[44]. Por su parte, Mohanty, cuando se refiere a la relectura de su célebre "Bajo los ojos de Occidente", lo matiza muy bien: "Mi insistencia en la especificidad de la diferencia tiene su base en una visión igualmente atenta a las diferencias de poder dentro de las varias comunidades de mujeres y entre ellas"[45]. Los feminismos de color suelen manejar dos registros diferentes. El primero es común a todos ellos y se articula en torno a la crítica cultural, política y económica de la cultura dominante, que suele coincidir con los países pertenecientes al tercio rico del mundo. Y el segundo registro de estos feminismos es el que, asumiendo la crítica a las culturas dominantes, hace, además, una crítica intracultural. En este sentido, Gloria Anzaldúa cumple con los dos registros: "La mujer no se siente a salvo cuando su propia cultura y la cultura blanca la critican; cuando los varones de todas las razas la cazan como una presa"[46].

Estos feminismos de color están edificados sobre el malestar del fenómeno colonial y del eurocentrismo que ha hegemonizado tanto los debates epistemológicos y teóricos como las sociedades de los dos tercios pobres del mundo. El nervio de la ideología dominante ha sido la exigencia monocultural y monolingüista, pues ambas realidades se han configurado como herramientas imprescindibles en la historia del colonialismo occidental. María Lugones explica esto con claridad: "La institucionalización del monoculturalismo nos ha obligado a comunicarnos unos con otros en la modalidad cognitiva dominante y no precisamente en la lengua dominante"[47]. Una parte importante de los países del Sur están profundamente marcados por la diversidad cultural derivada de su historia colonial. Este pasado ha producido mestizajes y segregaciones, exclusiones y mezclas que están en el corazón de muchas sociedades de los dos tercios pobres del mundo y que han originado efectos sociales que hoy se pueden rastrear en los debates intrafeministas[48].

El feminismo de color pone de manifiesto el malestar de grupos de mujeres que han sido inferiorizadas culturalmente y no admitidas a formar parte del canon cultural occidental. ¿Por qué no han sido admitidas a este selecto club de los elegidos? Muchas de ellas estiman que la razón principal no hay que buscarla en el género, sino en la etnia o la raza. Por eso, sectores significativos del feminismo interpelan a aquellos feminismos de color que anteponen la dominación racial o cultural a la dominación patriarcal. Y esta prioridad coloca al feminismo ante un problema recurrente, un *déjà vu*, por otra parte: ¿por qué la cuestión del género tendría que subordinarse a la cuestión de la raza, de la etnia o de otras variables de opresión? ¿Quizá se repite la misma historia, pero con personajes diferentes, que sucedió con el marxismo, para el que la contradicción principal era la clase y la cuestión de las mujeres era la secundaria? Y esto vuelve a plantear un desafío al feminismo: ¿es posible conjugar dos militancias al mismo tiempo sin traicionar a ninguna de las dos? Una polémica similar tuvo lugar en los años setenta cuando las feministas de los partidos políticos reivindicaban la doble militancia[49]. Hoy, mujeres que militan en las filas de grupos políticos raciales, culturales o sexuales interpelan a las feministas de una sola militancia, que defienden el feminismo como un proyecto político autónomo, y les advierten de que el feminismo, para ser verosímil, debe llevar siempre un adjetivo: feminismo negro, feminismo latino, feminismo lesbiano…

Y, llegadas a este punto, no puede soslayarse que una buena parte de las teóricas feministas que defienden el multiculturalismo radical son deudoras intelectualmente de la postmodernidad, de ciertos relativismos culturales, algunos de ellos indiscriminados, y de las filosofías de la diferencia. En este sentido, es necesario investigar las demandas de estos feminismos, sus debates con el "feminismo burgués" y sus filiaciones teóricas. Por ejemplo, Floya Anthias y Nira Yuval-Davis, como la mayoría de las feministas multiculturalistas, defienden la necesidad de deconstruir la categoría "mujer", pues, en su opinión, sólo así pueden entenderse las diversidades y los puntos en común que existen entre las mujeres[50]. Y, en esta dirección, polemizan críticamente con los feminismos radical y marxista por su dificultad para entender las identidades de género, pues a su juicio estas perspectivas teóricas no dan cuenta suficientemente de la significación de la etnia y de la raza en la formación de las identidades de género[51]. Ya no se trata de poner en el centro del marco interpretativo las diferencias, ontológicas o históricamente construidas entre varones y mujeres, sino de colocar la lupa sobre las diferencias y las desigualdades de poder y recursos que existen entre las "mujeres".

La aportación fundamental de estos feminismos es la negación de que existe la opresión de género sin adjetivos. Estas multiculturalistas sostienen que en la formación de las identidades de género también tienen un carácter constituyente otras opresiones que interseccionan con la de género dando como resultado nuevas y complejas opresiones.

En realidad en el cuestionamiento de la categoría "mujeres" subyace un subtexto: las diferencias entre las mujeres pertenecientes a distintos colectivos son tan significativas que hacen difícil encontrar elementos comunes entre las de unos y otros grupos. Si asumimos este punto de vista dinamitamos el supuesto sobre el que se ha fundado el feminismo: que las mujeres, *todas*, por encima de las diferencias que nos separan, somos objeto de la dominación masculina. En efecto, esa dominación es sistémica y, como en todo sistema de poder, los varones se articulan fraternalmente como un grupo hegemónico para ejercer la dominación sobre las mujeres y, de esa forma, asegurar sus privilegios. Y en ese acto ellas son constituidas en grupo dominado. Si prescindimos de este supuesto, es decir, de "las mujeres" en este sentido, como grupo oprimido, el feminismo ha perdido su sujeto colectivo.

Las multiculturalistas y las postmodernas rechazan las categorías de "género" y de "mujeres" porque estos conceptos uniformizan la realidad de la que tratan de dar cuenta. El concepto de género, argumentan, tiene una capacidad explicativa limitada porque oscurece la realidad de otros géneros que no sean el masculino y el femenino. Este concepto excluye a aquellos que no se sienten varones o mujeres y la rigidez de ese concepto les impide transitar a los mismos individuos de un género a otro. El concepto de "mujeres", por su parte, no da cuenta de la diversidad de poder, de recursos y de derechos de todas las mujeres. Para estas autoras no se puede construir una estrategia feminista sobre un análisis teórico que uniformiza, oscurece y silencia las diferencias entre las mujeres.

Para el multiculturalismo y la postmodernidad, el concepto de "mujeres" es completamente artificial, pues refleja una realidad homogénea cuando no lo es tanto como pudiera parecer. Entre las mujeres existen diferencias tan importantes o más que las que existen entre algunos varones y algunas mujeres, de modo que es mejor borrar esa categoría e introducir otros conceptos que nos ayuden a relativizarla. Para paliar esta distorsión social e intelectual, lo mejor es aplicar el concepto de interseccionalidad o el de fusión. Dicho en otros términos, la categoría mujer no es nada en sí misma, fuera de los referentes en los cuales se ha constituido. ¿Qué validez puede tener el concepto de mujer separado del de raza, clase o género? ¿De qué mujer hablamos, de la de clase media o de la de clase baja?, ¿blancas o negras?, ¿lesbianas o heterosexuales? ¿Hablamos de mujeres pertenecientes a minorías oprimidas o pertenecientes a las culturas dominantes de sus países? Con todas estas variables: ¿es posible que aún sigamos utilizando un concepto que sesga tan profundamente nuestro análisis?, se preguntan las feministas de color. Y detrás de todo ello hay una variable relacionada con los recursos: ¿se puede mantener el concepto de mujer o mujeres cuando los recursos que separan a unas de otras son tan rotundos y la desigualdad tan manifiesta? ¿Es posible construir así una agenda política feminista en la que quepamos todas? La pregunta sobrevuela estos feminismos y, desde luego, es obligada la reflexión.

Sin embargo, si tomamos como punto de partida crítico los diferentes sistemas de dominio que fomentan el sexismo, pero sin tener en consideración la variable dominio masculino como una variable autónoma, entonces no damos cuenta suficiente de la existencia del patriarcado. Esto es lo que ocurre con algunas feministas con un fuerte énfasis anticapitalista, que, al considerar el capitalismo neoliberal como el sistema de dominio más sistémico para las mujeres, debilitan la categoría de patriarcado. Y esta operación no es rentable para el feminismo.

En opinión de Mohanty, el capitalismo exacerba las relaciones de dominio racistas, patriarcales y heterosexistas[52]. Y, sin duda, el capitalismo, con su afán de privatizar y mercantilizar todo aquello que puede dar beneficios (entre ellos los cuerpos y las vidas de mujeres y niñas), está escribiendo una nueva página en la explotación de las mujeres. Sin embargo, para que este análisis refleje con más claridad la realidad de la subordinación de las mujeres debe estar acompañado de la idea de que estamos viviendo una nueva época de reacción patriarcal. ¿Cómo podríamos, si no, explicarnos nuevos fenómenos de violencia contra las mujeres? ¿El capitalismo exaspera la dominación sexista o el patriarcado potencia el dominio capitalista? Cargar la mayor parte de la responsabilidad de la opresión de las mujeres sobre el capital supone implícitamente descargar algo de la responsabilidad del patriarcado en esta nueva arremetida contra las mujeres. Más bien parece que capitalismo y patriarcado han pactado una política sexual para las mujeres que tiene como objetivo salarios, horarios, condiciones de trabajo y derechos más precarios para ellas. Este hecho produce beneficios para la economía neoliberal y para el conjunto de los varones, pues la vulnerabilidad en el mercado laboral de las mujeres precariza su situación en los demás espacios de la vida social y política. Y de una manera muy especial en el ámbito de las relaciones familiares y domésticas, pues su situación de debilidad les resta capacidad de negociación con los varones.

El multiculturalismo radical que postulan algunos "feminismos de mujeres de color" estadounidenses y que tiene una influencia significativa en espacios intelectuales y políticos de los países del Sur parte de una oposición —a mi modo de ver, esquemática y peligrosa— entre feminismos blancos burgueses y feminismos de color[53]. Y esta división del feminismo no deja de ofrecer problemas, porque sugiere la existencia de un feminismo que es legítimo y de otro que no lo es. Además, ahí subyace una idea inadecuada, pues si existen dos feminismos, uno que no es legítimo ni representativo porque no integra en su discurso ni en su práctica política variables específicas de opresión y, el otro, que sí es legítimo porque visibiliza y pone de manifiesto las opresiones de las mujeres de las minorías culturales, raciales o sexuales, entonces parecería que no existe un sistema de dominación patriarcal transcultural que atenta contra la libertad y la igualdad de "todas" las mujeres. Las mujeres blancas de todas las clases sociales del primer mundo son objeto de agresiones patriarcales simbólicas y materiales por parte de los varones, como individuos y como colectivo masculino. Dicho en otros términos, por una parte me preocupa que este feminismo haga un uso escaso del concepto de patriarcado y por otra me inquieta esa especie de desplazamiento crítico del patriarcado al "feminismo blanco burgués": ¿quiénes son las feministas blancas burguesas? ¿Qué argumento debemos utilizar para distinguirlas? ¿Qué criterio utilizaremos para diferenciar al feminismo legítimo del ilegítimo? ¿Es mayor el énfasis crítico hacia el feminismo blanco burgués que hacia los patriarcados contemporáneos? El objetivo de nuestra crítica y de nuestra práctica política deben ser las estructuras patriarcales y no los supuestos feminismos blancos burgueses.

Tras esta argumentación subyace una cuestión muy preocupante para el feminismo: el rechazo de nuestra tradición, el repudio de nuestro pasado, la crítica a nuestra memoria histórica. Si miramos hacia atrás nos encontramos con que el feminismo reivindica la tradición feminista: Betty Friedan reivindica a las sufragistas; Simone de Beauvoir, a las revolucionarias de la Revolución francesa o a Poulain de la Barre; Sulamith Firestone, a Simone de Beauvoir... Ésta ha sido una constante en nuestra tradición hasta que la rompe un sector del feminismo de la diferencia, repudiando la historia de luchas y conquistas de las feministas que las precedían. El caso de ahora es similar, pues algunos nuevos feminismos quieren abrir una nueva página en la historia de las mujeres que silencie las luchas y aportaciones del feminismo de los siglos XVIII, XIX y XX. Desde el punto de vista estratégico es un gran error privarnos de un pasado tan excelente en términos morales y políticos como el que tiene el feminismo. Y desde el punto de vista de la historia es negar la realidad de un movimiento social revolucionario que ha debilitado la subordinación de las mujeres en buena parte del planeta. Y, sin embargo, sobre este rechazo parecen constituirse ciertos feminismos. Desde el punto de vista de la solidaridad feminista podemos preguntarnos qué espejo estamos mostrando a muchas mujeres jóvenes. ¿Dónde se mirarán si carecen de la historia de nuestras luchas y resistencias? No deja de ser paradójico que mujeres que han luchado, investigado y militado en el feminismo desde hace tres siglos sean borradas de la historia feminista. ¿Qué grupo oprimido que está escribiendo un presente reivindicativo es capaz de prescindir de un pasado de luchas?

Por ello, me resulta insatisfactorio el escaso reconocimiento a esos feminismos de mujeres blancas que hoy permiten edificar otros feminismos más atentos a las opresiones específicas. Ahí veo dificultades para construir el metarrelato de las luchas de las mujeres y la eterna reconstrucción de la memoria feminista. La memoria histórica es un instrumento necesario en la construcción de una subjetividad política que tenga como finalidad la interpelación del sistema de dominio patriarcal. La pérdida de nuestro pasado nos introduce en el mundo de la amnesia política y nos priva de la brújula para encontrar los caminos de la estrategia política transformadora. El pasado proporciona legitimidad a nuestras prácticas políticas, pues, tal y como dice Amelia Valcárcel, nos evita ser permanentemente las recién llegadas. Y es que la memoria histórica feminista es una amenaza para la hegemonía masculina porque rearma ideológicamente a las mujeres e introduce en la vida pública y política un principio permanente de sospecha sobre la distribución de recursos y la apropiación del poder por parte de los varones. La historia siempre da legitimidad a quien tiene un pasado político tan excelente como lo tiene el feminismo. Ahora bien, el feminismo vive bajo la eterna sospecha de romper órdenes y estados naturales de las cosas, de alterar estructuras sociales y órdenes familiares. Y, por supuesto, de debilitar jerarquías y roles de género. Y en el imaginario colectivo conviven este principio permanente de sospecha y una ideología muy difusa de la igualdad entre los géneros. Y es que el feminismo es el movimiento social de la Modernidad que más ha ensanchado los derechos civiles, políticos y sociales de la humanidad[54].

La crítica al metarrelato en favor de los microrrelatos tiene el peligro, como señalaba anteriormente, de silenciar el sistema transcultural de dominación masculina y de sacralizar las comunidades culturales, raciales o sexuales. Y de esta sacralización puede inferirse también un muro de incomunicación entre nosotras y ellas. Y una cosa es reconocer las diferencias que nos oprimen y otra muy distinta es hacer de las diferencias un paradigma político. La diferencia como paradigma corre el riesgo de producir fronteras de incomunicación política. Algunos feminismos de color no reconocen conexiones sistémicas, niegan la universalidad y globalidad de algunas dominaciones y rechazan el carácter transcultural de formas patriarcales de dominio masculino. Sin embargo, es necesario visibilizar esa macroestructura masculina que expropia a *todas* las mujeres de recursos y derechos. Sacar a la luz esta estructura hegemónica que es el patriarcado es la mejor contribución para hacer del feminismo un proyecto político transformador. En efecto, el patriarcado escribe su guión allá donde algunas feministas ponen en cuestión el dominio masculino. La crítica al metarrelato por el efecto no deseado de oscurecer y silenciar algunas diferencias no debe traducirse en una alternativa de múltiples relatos que exaltan lo singular y niegan lo común. Un relato que enfatiza las diferencias y no señala suficientemente las afinidades y solidaridades entre las mujeres puede conducirnos a un callejón sin salida y puede privarnos de la posibilidad de "soñar" una utopía colectiva en la que quepan todas las oprimidas. Las diferencias no pueden negar el interés común ni deben poner trabas a la construcción de pactos entre mujeres.

Desde el punto de vista estratégico, estos feminismos proponen un multiculturalismo policéntrico, resistente, que no anule las diferencias, sino más bien que las sitúe en el centro del escenario político. Este feminismo multiculturalista radical exalta las diferencias no-dominantes hasta hacer de esa categoría, la diferencia, la piedra angular de ese multiculturalismo policéntrico[55]. El peligro de este multiculturalismo radical, profundamente anclado en las opresiones de clase, de sexo, de género o de cultura, es la reificación de las minorías. Estas posiciones multiculturalistas transitan entre el miedo al esencialismo que denuncia la postmodernidad y la seducción comunitarista. Las dos teorías tienen en común su firme apuesta por la diferencia. En las diferencias se puede encontrar el vínculo entre ambos paradigmas. Pero también tienen un desacuerdo sustancial: el pensamiento postmoderno apela a las diferencias para cuestionar estructuras sociales globales y categorías que tengan la pretensión de dar cuenta de fenómenos universales. Cuando se argumenta sobre la necesidad de conceptos y sobre la existencia de realidades sociales universales aparece el fantasma del esencialismo para la postmodernidad. Sin embargo, los comunitarismos, cuando afirman su diferencia cultural o racial, suelen caer en un esencialismo holístico al analizar su propia comunidad.

Sin embargo, en ambos discursos hay un déficit respecto a la visibilización e identificación analítica y política de los mecanismos universales de dominación patriarcal. La influencia de la postmodernidad y de los multiculturalismos indiscriminados hace que la diferencia se coloque como valor supremo frente al carácter transcultural e interclasista de la dominación masculina. Y en este tipo de análisis se puede observar, a mi juicio, un punto ciego, y es la no identificación del patriarcado como un pacto entre varones de distintas razas, clases y culturas. La no tematización del contrato sexual como constituyente del patriarcado dificulta que algunas de estas feministas vean el carácter transversal de la opresión de las mujeres y por ello mismo el de sus luchas políticas.

Sin embargo, hay que señalar que las multiculturalistas más radicales no niegan la necesidad de las afiliaciones y coaliciones entre las mujeres de las distintas comunidades culturales o grupos sociales. Su punto de partida es afirmar las diferencias y, desde ese reconocimiento, construir convergencias. Pero queda un interrogante sin contestar: ¿se pueden construir coaliciones sin afirmar con la misma fuerza lo que nos une que lo que nos separa? ¿Se pueden fabricar entramados solidarios afirmando lo singular y negando lo común y universal? ¿Se puede crear una "interdependencia de las diferencias no dominantes" con "fuerzas reconocidas e iguales" sin poner en el centro del escenario algunas conexiones globales de carácter sistémico?

Frente al multiculturalismo radical, hay que subrayar la característica de que las mujeres constituyen un genérico social marginado y subordinado en todas y cada una de las sociedades existentes. Señala Susan Moller Okin que el sexismo es una forma identificable de opresión, muchos de cuyos efectos son percibidos por las mujeres con independencia de la raza, clase o cultura a la que pertenezcan. Utilizando investigaciones empíricas sobre el trabajo de las mujeres en los países pobres, concluye que las condiciones de las mujeres de los dos tercios pobres del mundo son "similares, pero más agudas y acentuadas" que las de los países ricos[56]. Las mujeres son la mitad de todos los grupos sociales, independientemente de la categoría a la que pertenezcan. Su adscripción, sea voluntaria o asignada, a grupos que ostentan una posición dominante en la sociedad no las exime de la subordinación a los varones en el seno de ese grupo. Si su pertenencia es a grupos oprimidos, ellas padecen la opresión general del grupo más la suya específica como mujeres. Las mujeres de todos los grupos sociales tienen en común su situación de opresión en el seno de su colectivo. Este hecho por sí mismo —la opresión de género— ha constituido el fundamento de su identidad como sujeto colectivo. El género es un concepto y una realidad transversal que recorre todos los grupos y todos los procesos sociales. La característica común es que las mujeres de cada uno de los grupos están sometidas al poder patriarcal de los varones de su colectivo de pertenencia. El género es un parámetro científico, una estructura social y un imaginario simbólico que produce un orden social en el que la mitad de la sociedad está sobrecargada de recursos y derechos y la otra mitad tiene un fuerte déficit de ambos. Los varones tienen privilegios y las mujeres, una preocupante carencia de recursos económicos, políticos, culturales y de autoridad y poder. El sistema de dominio masculino se puede identificar tanto como un conjunto de prácticas sociales intraculturales como una difusa, pero poderosa, red de estructuras transculturales que producen efectos globales sobre las mujeres.

El riesgo de algunos nuevos feminismos consiste básicamente en deshomologar a las mujeres, desactivar el débil sujeto colectivo en el que nos hemos convertido con mucho esfuerzo y perseguir un individualismo voluntarista a través de atajos en los que podemos perdernos. El nominalismo radical que se postula desde estos feminismos curiosamente se propone para las mujeres en tanto feministas, pero no para las mujeres en tanto negras o latinas o lesbianas pobres. ¿Desactivamos el concepto "mujeres" y también el de "trans", negras, latinas, pobres, migrantes? La propuesta de este feminismo que se está articulando polémicamente contra el feminismo clásico es acabar con el concepto "mujeres", con el de género y con cualquier estructura organizativa feminista. Una seña de identidad de una parte de los nuevos feminismos es su anormatividad.

REINVENCIÓN DE LA TRADICIÓN Y CONSTRUCCIÓN PATRIARCAL DE LA MUJER IMAGINADA

En este apartado quisiera desarrollar la idea de que la variable "cultura", con sus registros correspondientes, tradición y religión, forma hoy una parte sustancial de esa reacción que los patriarcados contemporáneos están librando contra las mujeres. La reivindicación de la cultura, cuando viene empaquetada con el logotipo de progresismo, no se está pronunciando con claridad a favor de los derechos y la autonomía de las mujeres. En el mejor de los casos se soslaya la "cuestión de las mujeres" y en el peor se nos intenta asignar espacios que parecen nuevos, que parecen elecciones identitarias libres de las mujeres, pero que son siempre lugares secundarios que remiten simbólicamente a la invisibilidad y a la exclusión del poder. La religión y la tradición se convierten en instrumentos centrales de control para mantener a las mujeres subordinadas a la ley de su grupo. Y no sólo eso, pues proporcionan los argumentos para que ellas acepten la invisibilidad (niqab, burka) o la exclusión como si fuese una elección libre. Así, vemos cómo los patriarcados contemporáneos fabrican y divulgan argumentaciones perversas: son las propias mujeres las que eligen, y quienes se oponen al ejercicio de su libertad están teniendo comportamientos totalitarios y etnocéntricos.

Los politólogos, sociólogos o filósofos progresistas disertan sobre los derechos y la libertad de los individuos en el mundo árabe-musulmán o para los colectivos de inmigrantes musulmanes, pero cuando se trata del burka, niqab o pañuelo se interrumpe el lenguaje de los derechos. El burka es la excusa para acusar a la derecha de demagogia o simplemente es resuelto con un argumento tan aparentemente inocente como que es una cuestión sociológica: unas mujeres se lo ponen por motivos culturales, otras por motivos religiosos, otras por imperativo patriarcal, otras por costumbre... ¿Es que las prácticas "culturales" sólo vulneran derechos o erosionan la libertad cuando los individuos no las aceptan y se ven obligados a cargar con ellas? ¿Es que el consentimiento no tiene límites? ¿La mutilación genital no vulnera los derechos humanos independientemente de que algunas mujeres no sólo acepten esa práctica, sino que incluso la reivindiquen? ¿Los pensamientos críticos no tendrán la obligación de criticar aquellas estructuras, prácticas e instituciones que producen subordinación, independientemente del consenso de quienes las soportan?

Las élites masculinas de algunos grupos culturales están proponiendo a la conciencia de los individuos de esas sociedades la "vuelta" de las mujeres a formas casi siempre selectivamente reinventadas de tradición y casi siempre en nombre de la religión. Ese regreso a la tradición y a la religión refuerza la reconstrucción identitaria de comunidades que se estaban "perdiendo" en medio de una Modernidad que nunca ha acabado de producir bienestar para las poblaciones autóctonas. De otro lado, las políticas asimilacionistas también han aportado razones para el reforzamiento identitario de las comunidades inferiorizadas y discriminadas por las culturas dominantes o las sociedades de acogida.

La religión y la tradición introducen argumentos de legitimidad en el reforzamiento de la ley de grupo, de la ley de la fratría masculina. Poco a poco se va abriendo paso en los sectores más conservadores de las comunidades culturales o raciales la idea de que las mujeres pueden acceder al empleo y a la educación, pero con la condición de que no cuestionen los roles sexuales asignados[57]. Y para compensar su salida del espacio privado hacia la escuela o hacia el mercado laboral deben mostrar explícitamente que están dispuestas a aceptar que sus cuerpos y sus vidas no son suyos, sino de la sociedad y de sus esposos. El hiyab, el burka o el niqab son una afirmación colectiva de que nada sustancial ha cambiado. A las mujeres no se les prohibirá someterse a las leyes del capital y, así, ocupar espacios mal pagados en el mercado laboral y acceder a algunos ámbitos del espacio público, pero siempre y cuando acepten manifiestamente, con su forma de vestir y con el respeto a las tradiciones culturales, su sumisión a los varones.

Los varones imponen su ley, muy a menudo una ley de violencia, para que las mujeres sigan asumiendo, tal y como afirma Bessis, que sus cuerpos pertenecen a los varones. La ley de la *sharia* en el mundo árabe-musulmán, el Kanon en Albania, las tradiciones mayas u otros códigos "culturales" se enfrentan al derecho positivo de sus respectivos países, pero lo cierto es que suelen convivir con más o menos armonía, signo evidente de que la ley de la tribu masculina no ha sido derrotada, sino más bien al revés, las leyes de las fratrías masculinas tienen poder para imponerse a las normas jurídicas positivas.

Hay dos aspectos importantes a señalar: en primer lugar, el papel que se asigna a las mujeres en las culturas como figuras simbólicas en las que cristaliza la autenticidad de las culturas. Este hecho repetido está muy relacionado con la atribución a las mujeres de un papel: "Deben permanecer fijadas en el inmovilismo para garantizar la eternidad"[58]. Las mujeres son quienes mejor representan "el orden natural de las cosas". Son garantía de continuidad en medio de los cambios: crisis económicas o políticas, conflictos sociales, Modernidades fracasadas, guerras, relevos generacionales en distintos ámbitos ... Si los problemas se hacen soportables para las sociedades patriarcales es porque ellas permanecen fijadas en sus papeles sociales. Frente a cambios que pueden producir convulsiones sociales o vértigos existenciales, los varones exigen a las mujeres inmovilidad en sus roles y en sus relaciones con los demás. Se podrá mover la sociedad y la historia, los varones vivirán experiencias de todo tipo, se alterará su estatus, la composición de las clases sociales se transformará y con ella la vida de los hombres, las guerras y los conflictos se sucederán, pero ellas deben permanecer fijadas en la sociedad y en la familia y serán la garantía de la estabilidad doméstico familiar, aunque el precio sea no alterar su posición de subordinación. Las biografías de los varones deben articularse en torno a los cambios, a la movilidad social, a los ascensos profesionales o a la aventura. Sin embargo, las biografías de las mujeres deben orientarse a la estabilidad: familiar, sentimental y profesional.

El segundo aspecto está relacionado con los privilegios masculinos, pues si bien es cierto que frente al vértigo que producen ciertas transformaciones se necesitan instituciones y entramados sociales que tengan el máximo de permanencia, la pregunta específicamente feminista es ésta: ¿por qué las mujeres deben encarnar la estabilidad familiar y los varones el cambio social? Y la respuesta, desde luego, tiene que ver con la posición de privilegio de los varones en las estructuras sociales de los patriarcados actuales. ¿Cómo persuadir a las mujeres de que el papel rígidamente asignado a la familia está vinculado a los privilegios privados y públicos de los varones? ¿Cómo convencer a la sociedad de que el déficit de derechos de las mujeres es posible debido a la sobrecarga de derechos de los varones? ¿Podemos las feministas proponer con éxito a la conciencia de nuestra sociedad un reparto de papeles y de recursos paritarios? Pues bien, si a nuestras sociedades, dirigidas por élites masculinas, les resulta inaceptable la redistribución paritaria de roles y de recursos, es muy posible que usen la tradición y la religión como herramientas de censura y control para impedir ese cambio social. Por eso, en el imaginario colectivo patriarcal se enmascaran intencionadamente los privilegios masculinos con el respeto y la protección de las costumbres y tradiciones culturales.

Por tanto, es necesario mostrar que estas realidades empíricamente contrastables no deben silenciar ni ocultar que una parte de los conflictos culturales tiene dimensiones fuertemente patriarcales, es decir, esas disputas muchas veces son conflictos de género enmascarados en conflictos culturales, religiosos o raciales. Y, en este sentido, hay que recordar el concepto de Isabella Bakker cuando advierte sobre el "silencio conceptual" que existe en los estudios sobre globalización en relación a la desigualdad de género[59]. Pues bien, este silencio conceptual es manifiesto en los estudios sobre multiculturalismo. El estudio sobre comunidades culturales y otras minorías sugiere en demasiadas ocasiones que no están formadas por hombres y mujeres, a juzgar por la ausencia de las mujeres como objeto de investigación en las culturas, cuando precisamente ellas tienen un papel central en la supervivencia simbólica y material de la "cultura". Es poco frecuente que los estudios sobre multiculturalismo y sobre minorías analicen críticamente la posición de subordinación de las mujeres en esos grupos sociales. La excepción suelen ser las investigadoras feministas.

Así, desde posiciones multiculturalistas fuertes y, por supuesto, no mediadas por análisis feministas, "la mujer" aparece como la metáfora de la cultura, como la representación material y simbólica de la supervivencia de la comunidad. Frente al miedo a la desaparición de una cultura que se considera acosada y expuesta a la asimilación por parte de la hegemónica, los varones cierran filas en defensa de la propia dominación sobre "sus mujeres". Y ahí, en la dominación masculina sobre las mujeres, se encuentra el núcleo intocable y no negociable de la permanencia de su comunidad cultural.

La dominación masculina suele ser convertida por los varones en la piedra de toque de su cultura y por ello identifican la esencia de su cultura con sus propios privilegios. De modo que el control y propiedad de las mujeres por parte de los varones se convierte en uno de los elementos centrales a proteger en las comunidades culturales que se sienten inferiorizadas y sometidas a procesos de cambio social. Lo que en el fondo no es otra cosa que defender el contrato sexual por el que los varones originalmente pactaron a las mujeres en propiedad masculina y en subordinadas sexuales. Parecería que los varones están resignados a admitir ciertos cambios culturales, pero se aferran como a un clavo ardiendo al contrato sexual, pues este pacto los convierte en colectivo dominante sobre "sus" mujeres. Así, aunque pierdan "poder" como cultura, siguen conservándolo como genérico masculino. El multiculturalismo más radical y más patriarcal aspira a que una de las esencias culturales a proteger sea precisamente la subordinación de las mujeres. Dicho en otros términos, hay que reactualizar y legitimar el contrato sexual, esta vez en clave cultural[60].

En torno a la dominación masculina y a la red de privilegios sobre la que se asienta, se elabora una ideología de defensa de la supervivencia cultural para la cual se apela a la tradición como fuente principal de legitimación de la subordinación de las mujeres. Y la tradición siempre ayuda en ese sentido, pues las mujeres han sido pactadas por los varones y sobre ese contrato sexual se ha edificado la división sexual del trabajo y los roles sexuales. Ahora bien, cuando la tradición no ayuda lo suficiente porque el poder de los varones se ha debilitado, entonces la cultura patriarcal inventa una nueva normatividad femenina que desemboca en la reactualización del viejo modelo de mujer de la tradición. Sophie Bessis lo explica muy bien cuando señala que la historia reciente nos enseña que la tradición se reinventa a través de insólitas apropiaciones de la Modernidad y que, a su vez, esta misma se apropia de recomposiciones de un pasado al que desprecia: "Y lo que con frecuencia pensamos que está esculpido en el mármol del pasado es una tradición 'reciente'"[61].

Así se crea esa "mujer imaginada" y soñada por los varones que temen perder su identidad cultural y sus privilegios patriarcales, que no es otra cosa que una suerte de servidumbre cultural. Lo reseñable es que esa "mujer imaginada" es construida como un restablecimiento de la tradición, como la vuelta a lo originario y constituyente. Y es que, como hemos señalado anteriormente, un elemento central de la identidad cultural para los varones es la sujeción de las mujeres. Dicho en otros términos, las posiciones multiculturalistas radicales y patriarcales no diferencian entre patriarcado y cultura, porque la distinción analítica y política de ambas estructuras desenmascararía los privilegios masculinos que envuelven esa alianza.

DIÁLOGO TRANSCULTURAL E IGUALDAD DE GÉNERO

¿Cómo evitar las fronteras y muros culturales entre comunidades y, al tiempo, cómo pueden sustraerse esas mismas comunidades a las políticas asimilacionistas de las élites dominantes? ¿De qué forma se puede encontrar un equilibrio razonable entre la subjetividad individual y la identidad colectiva? ¿Qué paradigma político debemos asumir para evitar tanto el socavamiento de la subjetividad individual como la afirmación irreductible de las señas de identidad culturales de una comunidad? Una interculturalidad feminista parece un buen paradigma para sustraerse al asimilacionismo y al multiculturalismo radical. Antes de nada, sin embargo, conviene aclarar qué es la interculturalidad.

La *interculturalidad* tiene un carácter normativo, pues parte de la aceptación de la inevitable multiculturalidad social, y prescribe el mestizaje, la mezcla y la integración desde el rechazo rotundo tanto a la segregación como al asimilacionismo. El término interculturalidad es una categoría en gestación, sobrecargada normativamente, pues el propio término significa una apuesta ético-normativa por la síntesis cultural y un rechazo por cualquier *aparheid*. Su aparición "parece motivada por las carencias de los conceptos de multiculturalidad y multiculturalismo para reflejar la dinámica social y para formular el objetivo de nuevas síntesis socioculturales"[62]. La interculturalidad parte del supuesto de que es deseable normativamente el diálogo transcultural y que de ese diálogo se deben extraer formas complejas, pero no segregacionistas, de convivencia social. Esta posición apuesta por una relación respetuosa entre culturas y se orienta a la búsqueda de nuevas síntesis culturales, pues la interculturalidad es manifiestamente antiesencialista y no cree en la pureza de las culturas ni en su preservación; por el contrario, postula la continua interacción que las permea y las modifica[63].

Este concepto se acuña, sobre todo, en el campo de la educación. Para los interculturalistas la escuela es el lugar paradigmático de interacción entre individuos provenientes de distintas culturas y supone la superación de los currículos monoculturales, se puede impedir la separación en grupos culturales y se pueden presentar las culturas como realidades no monolíticas. Hay que señalar también que la interculturalidad se ha proyectado sobre el campo de la mediación intercultural. Las dificultades de inserción de las comunidades culturales que se instalan en las sociedades de destino hacen que sea necesaria una figura mediadora para persuadir sobre la importancia de acercar códigos y prácticas culturales diferentes. La mediación intercultural se inscribe en el campo de la intervención y parte de una posición de respeto mutuo entre las culturas que tiene como barrera infranqueable los derechos humanos.

La interculturalidad tiene, sobre todo, dos puntos débiles. El primero de ellos insiste en la relación tolerante y respetuosa entre culturas. Sin embargo, el concepto de tolerancia cultural debe ser examinado a la luz de los análisis feministas —y no sólo feministas—, pues es un concepto al que, si no se le ponen límites normativos, desemboca con facilidad en el relativismo cultural. Y es necesario interrogarse acerca de esos límites normativos: ¿qué primar, la justicia o la tolerancia, frente a una práctica cultural que vulnera los derechos humanos? ¿Debemos concluir éticamente que debe ser superior la tolerancia que la justicia? Desde luego, desde una perspectiva feminista todas las culturas no merecen la misma consideración, pues son más dignas de confianza las culturas que respetan los derechos humanos y promueven la igualdad que aquéllas en las que, precisamente en nombre de la cultura, se vulneran los derechos humanos y, en consecuencia, se promueven privilegios y fortalecen jerarquías y estratificaciones no legítimas. Como señala Celia Amorós: "Las culturas en que se han puesto en cuestión los roles estereotipados y subordinados de las mujeres son preferibles a aquéllas en las que nunca se habría producido un cuestionamiento de ese orden"[64].

El segundo punto débil también deriva de ese principio de relación respetuosa entre las culturas y que suele desembocar en cierta reificación de las comunidades culturales. Y es que, a fuerza de respetar a las culturas, olvida los grupos y colectivos sociales que existen dentro de las comunidades culturales. Dicho de otra forma, aunque la interculturalidad enfatiza el carácter dinámico de las culturas, de ahí su antiesencialismo, tiene una grieta y es que no tematiza la desigualdad de poder que existe en el interior de las culturas[65].

El paradigma intercultural feminista no debe simplemente aplaudir acríticamente la diversidad cultural y rechazar las políticas asimilacionistas. Ni tampoco debe postular sólo los mestizajes y promover espacios de encuentro. Debe tener también como objetivo desactivar nudos de discriminación y desigualdad en el interior de las culturas. La interpelación intercultural, en feliz expresión de Fernando Quesada, no debe detenerse ahí; la interpelación, además de ser intercultural, debe ser intracultural.

Como señala Seyla Benhabib[66], los debates en torno al multiculturalismo están teniendo lugar en medio de una discusión entre relativismo y universalismo y están mostrando la urgente necesidad y la inevitabilidad de los diálogos interculturales. La tesis que se defiende en este libro es que esos diálogos no deben silenciar los conflictos de género que se ocultan en los encuentros y desencuentros culturales.

El diálogo transcultural y la interpelación intercultural parecen ser una de las marcas y uno de los caminos que trazan quienes estiman que es mejor el diálogo que el conflicto y el acuerdo que el choque. Como señala Celia Amorós, la interpelación cultural genera efectos de reflexividad y su legitimidad reside en la simetría entre los que interpelan y los que son interpelados[67]. La simetría, sin embargo, no parece ser una de las características del desigual mundo globalizado que se está construyendo. Pero los grupos discriminados y los genéricos oprimidos pueden hacer de la interpelación una herramienta política que contribuya al establecimiento de relaciones simétricas entre ellas y nosotras y entre unos y otras.

Benhabib[68] señala que hay que ser un poco relativista cultural para mirar de otra forma y para entender la singularidad de otras culturas. En efecto, hay que tener una *actitud* un poco multiculturalista para identificar opresiones específicas que estaban perdidas en opresiones más amplias y generales y para entender las razones y las prácticas políticas de ciertas minorías. El multiculturalismo feminista ha aportado elementos de reflexión al feminismo y le ha ayudado a hacerse con marcos más amplios de interpretación de la realidad multicultural.

Sin embargo, un feminismo integrador, inclusivo y atento a las opresiones específicas —clase, sexualidad, raza, cultura...—, con capacidad teórica para producir categorías que nombren esas realidades que durante tanto tiempo no se han visibilizado y con lucidez política para enfrentarse a las nuevas alianzas establecidas entre el patriarcado, el capitalismo y las culturas, tiene que dotarse de un discurso teórico y político que trascienda tanto las diferencias indiscriminadas como el universalismo ciego.

El feminismo no puede renunciar a la idea de la autonomía y a la constitución de las mujeres en sujetos políticos, pero tampoco puede cerrar los ojos a la existencia de grupos de mujeres con experiencias concretas y específicas de opresión. Sin embargo, tener una actitud un poco relativista y un poco multiculturalista hacia las culturas y las minorías, siempre que no vulneren los derechos humanos y no promuevan la desigualdad, no puede significar la adhesión al relativismo y el alejamiento del universalismo. Construir un universalismo amplio, ancho, autocrítico, que no sea ciego a las diferencias, que no se deje bloquear, según el término de Bessis, por los intereses de las élites patriarcales y que no silencie a las "otras" debe ser uno de los objetivos del feminismo del siglo XXI. Pero este universalismo no puede ser sólo político, también tiene que ser filosófico, aunque no esencialista, es decir, no puede renunciar a la idea de una única humanidad porque este punto de vista es el fundamento de una teoría amplia y comprensiva de los derechos humanos para todos y cada uno de los individuos. Desde este punto de vista, el multiculturalismo radical de un lado y el conservadurismo neoliberal de otro bloquean cualquier versión integradora del denominado por Benhabib universalismo interactivo.

Tal y como señala Nancy Fraser[69], el multiculturalismo no puede ser indiscriminado, debe ser crítico. Si bien la idea que subyace en el multiculturalismo es la necesidad de reconocer las diferencias y las identidades culturales, eso no supone que todas las culturas contengan aportaciones igualmente valiosas para el bienestar, la libertad y la igualdad de los humanos, es decir, no implica una hipótesis de relativismo general[70]. Hay que distinguir entre pretensiones dignas de protección y de reconocimiento jurídico y las que no son acreedoras de ello, bien porque no lo necesitan, bien porque pueden ser satisfechas por otras vías más adecuadas, bien porque no lo merecen[71].

La diversidad cultural y las ideas multiculturalistas son aceptables sólo si amplían la libertad y la igualdad de los individuos[72]. Por ello, hay que discriminar entre las prácticas y valores culturales que están al servicio de sistemas de dominación y aquellos que no vulneran los derechos individuales. Hay prácticas culturales que obviamente no amplían el contexto moral.

La argumentación anterior desemboca en la urgente necesidad de construir colectivamente criterios éticos universales que resten legitimidad a todos los valores y las prácticas basados en la dominación y la discriminación. Los derechos humanos son, sin duda, el punto de partida. Esta ética debe ser lo suficientemente universal para sortear, de un lado, las posiciones etnocéntricas y, de otra, las identitarias. Una ética en cuyo epicentro se alcen dos horizontes regulativos: la defensa de la subjetividad individual y de la solidaridad en estos difíciles tiempos de dominación neoliberal y de reacción patriarcal.

NOTAS

1. Véase Oriana Fallacci: *La rabia y el orgullo* [www.elmundo.es]. Este texto fue escrito tras el atentado contra las Torres Gemelas en Nueva York en 2001.
2. Saskia Sassen: *Contrageografías de la globalización. Género y ciudadanía en los circuitos transfronterizos*, Ed. Traficantes de sueños, Madrid, 2003. Véase el capítulo 2: pp. 41-66.
3. Fadela Amara y Silvia Zappy: *Ni putas ni sumisas*, Madrid, Cátedra, col. Feminismos, 2004, pp. 71-77.
4. Sophie Bessis: *Occidente y los otros. Historia de una supremacía*, Madrid, Alianza Editorial, 2002, capítulos 1, 2 y 3.
5. A ese respecto, véanse los magníficos libros de Peter Berger: *El dosel sagrado. Para una teoría sociológica de la religión* (Barcelona, Kairós, 1971) y Thomas Luckmann: *La religión invisible* (Salamanca, Sígueme, 1973).

6. Crawford D. B. Macpherson: *La teoría política del individualismo posesivo (De Hobbes a Locke)*, Madrid, Trotta, 2005.
7. Zygmunt Bauman: *Comunidad. En busca de seguridad en un mundo hostil*, Madrid, Siglo XXI, 2003, pp. 169-175.
8. Sophie Bessis: *Los árabes, las mujeres, la libertad*, Madrid, Alianza Editorial, 2008, p. 18.
9. Sophie Bessis: *Los árabes, las mujeres, la libertad*, op. cit., p. 30.
10. *Informe alternativo del Lobby Europeo de Mujeres haciendo balance de las políticas de género en Europa 1995-2005*, Lobby europeo de mujeres para Beiging + 10.
11. Zygmunt Bauman, "Exclusión social y multiculturalismo", en *Claves de la Razón Práctica* (Madrid), noviembre de 2003, p. 11.
12. Manuel Castells: "¿Fin del Estado nación?", en *El País*, 26 de octubre de 1997.
13. Charles Taylor: *El multiculturalismo y la 'política del reconocimiento'*, México, FCE, 1993, pp. 43-107. La primera edición en inglés fue publicada en 1992.
14. Samuel P. Huntington: *El choque de civilizaciones y la reconfiguración del orden mundial*, Barcelona, Paidós, 1997, p. 108. La primera edición en inglés fue publicada en 1996.
15. Samuel P. Huntington: *El choque de civilizaciones y la reconfiguración del orden mundial*, op. cit., p. 111.
16. Don Robotham: "El poscolonialismo: el desafío de las nuevas identidades" [http://www.unesco.org/issj/rics153/robothamspa.html].
17. Celia Amorós: *Tiempo de feminismo. Sobre feminismo, proyecto ilustrado y postmodernidad*, Madrid, Cátedra, col. Feminismos, 1997. Véase el capítulo primero: "Por un sujeto verosímil", pp. 19-107. De la misma autora: *Vetas de Ilustración. Reflexión sobre feminismo e Islam*, Madrid, Cátedra, col. Feminismos, 2009; véase el capítulo 6.
18. Will Kymlicka: *Ciudadanía multicultural*, Barcelona, Paidós, 1996.
19. Mayra Leciñana Blanchard: "Feminismo filosófico en el contexto latinoamericano: ¿Quién habla y cómo? Subjetivación política y subalternidad", en *Clepsidra* (La Laguna), nº 4, 2005.
20. Luisa Muraro: "Más allá de la igualdad", en Luisa Posada: *Sexo y esencia. De esencialismos encubiertos y esencialismos heredados: desde un feminismo nominalista*, Madrid, Horas y horas, 1998, pp. 117-129. Asimismo, del libro citado de Luisa Posada, véase el capítulo "Puesta en escena: La 'diferencia italiana'. Aproximación a Luisa Muraro", pp. 105-115.
21. Susan Wolf, en VV. AA.: *El multiculturalismo y 'la política del reconocimiento'. Ensayo de Charles Taylor*, México, FCE, 1993, p. 110.
22. Oriana Fallaci: *La rabia y el orgullo*, op. cit.
23. Entrevista a Giovanni Sartori, *El país*, 8 de abril de 2008. Asimismo se puede observar esta posición en su libro *Pluralismo, multiculturalismo y extranjeros*, Madrid, Taurus, 2001.
24. Emilio Lamo de Espinosa: "Fronteras culturales", en Emilio Lamo de Espinosa (ed.): *Culturas, estados, ciudadanos. Una aproximación al multiculturalismo en Europa*, Madrid, Alianza Editorial, 1995, 13-79, p. 20.
25. Javier de Lucas discrepa de Garzón Valdés porque, a su juicio, este último identifica multiculturalismo en sentido fuerte con las propuestas formuladas desde el comunitarismo más duro.
26. Alain Touraine: "¿Qué es una sociedad multicultural? Falsos y verdaderos problemas", en *Claves de Razón Práctica* (Madrid), octubre 1995, pp. 14-25, p. 21.
27. Fernando Calderón: "Diversidad cultural y ciudadanía", en *Leviatán* (Madrid), nº 70, invierno de 1997, 129-137, p. 130.
28. Pier Paolo Donati: "El desafío del universalismo en una sociedad multicultural", en *Sociología. IESA* (Madrid), nº 17, tercera época, mayo-agosto, 1997, 7-39, p. 22.

29. Seyla Benhabib: *Las reivindicaciones de la cultura. Igualdad y diversidad en la era global*, Buenos Aires, Katz editores, 2006. Véase el capítulo 2: "'Nous et les outres'. ¿El universalismo es etnocéntrico?".
30. Lourdes Méndez: *Antropología feminista*, Madrid, Síntesis, 2007, capítulos 4 y 5, pp. 99-174.
31. Seyla Benhabib: *Las reivindicaciones de la cultura. Igualdad y diversidad en la era global*, *op. cit.*, 69-73.
32. Véase Rosa Cobo: "Multiculturalismo, democracia paritaria y participación política", en *Política y Sociedad*, 32 (Madrid), 1999, pp. 53-65.
33. Ernesto Garzón Valdés: "Cinco confusiones acerca de la relevancia moral de la diversidad cultural", en *Claves de Razón Práctica* (Madrid), nº 74, julio/agosto, 1997, 24-32, p. 13.
34. Ernesto Garzón Valdés: "Cinco confusiones acerca de la relevancia moral de la diversidad cultural", *op. cit.*, p. 15.
35. Sophie Bessis: *op. cit.*, p. 64.
36. Alain Touraine: : "¿Qué es una sociedad multicultural? Falsos y verdaderos problemas", *op. cit.*, p. 15.
37. Salvador Giner: "La urdimbre moral de la Modernidad", en Salvador Giner y Riccardo Scartezzini (eds.): *Universalidad y diferencia*, Madrid, Alianza, 1996, pp. 43-80.
38. Tomo la expresión de María Lugones: "Multiculturalismo radical y feminismos de mujeres de color", en *Revista Internacional de Filosofía Política* (Madrid), nº 25, 2005.
39. Véase el texto de Gloria Anzaldúa: "Movimientos de rebeldía y las culturas que traicionan", en VV. AA.: *Otras inapropiables. Feminismos desde las fronteras*, Madrid, Traficantes de sueños, 2004, pp. 71-80.
40. Nancy Fraser: "Multiculturalidad y equidad entre los sexos: un nuevo examen de los debates en torno a la 'diferencia' en EE UU", en *Revista de Occidente*, nº 173, 1995, p. 37.
41. Bonnie Thornton Dill: "Race, class, and gender: prospects for an all-inclusive sisterhood", en VV. AA.: *The education feminism Reader*, Nueva York, Routledge, 1994, 42-57, pp. 42-46. [Traducción inédita de Marisa Ferreras.]
42. Véase Joseph F. Healey: *Race, Ethnicity, Gender and Class in the United States*, Thousand Oaks, Pine Forge Press, 1997.
43. Nancy Fraser: "Multiculturalidad y equidad entre los sexos: un nuevo examen de los debates en torno a la 'diferencia' en EE UU", *op. cit.*, pp. 41-50.
44. Audre Lorde: *La hermana, la extranjera*, Madrid, Horas y horas, 2003, pp. 121-136.
45. Chandra Talpade Mohanty: "De vuelta a 'Bajo los ojos de Occidente': la solidaridad feminista a través de la lucha anticapitalista", 407-464, en Liliana Suárez Navaz y Rosalía Aída Hernández (eds.): *Descolonizando el feminismo. Teorías y prácticas desde los márgenes*, Madrid, Cátedra, col. Feminismos, 2008, pp. 412-413.
46. Gloria Anzaldúa: "Movimientos de rebeldía y las culturas que traicionan", *op. cit.*, p. 77.
47. María Lugones: "Multiculturalismo radical y feminismos de mujeres de color", *op. cit.*, p. 73.
48. Rosa Cobo: "Otro recorrido por las ciencias sociales: género y teoría crítica", en Marta Aparicio, Begoña Leyra y Rosario Ortega (eds.): *Cuadernos de género: Políticas y acciones de género. Materiales de formación*, Madrid, ICEI/Universidad Complutense, 2009, p. 33.
49. En el capítulo 4 de este volumen se puede encontrar una reflexión sobre la doble militancia.

50. Floya Anthias y Nira Yuval-Davis: *Racialized boundaries: race, nation, gender, colour and the anti-racist struggle*, Londres, Routledge, 1996, pp. 100-101.
51. Floya Anthias y Nira Yuval-Davis: *Racialized boundaries: race, nation, gender, colour and the anti-racist struggle*, *op. cit.*, pp. 101-102.
52. Chandra Talpade Mohanty: "De vuelta a 'Bajo los ojos de Occidente': la solidaridad feminista a través de la lucha anticapitalista",*op. cit.*, p. 424.
53. María Lugones, *op. cit.*, pp. 62-68.
54. Rosa Cobo Bedía: "El género en las ciencias sociales", en *Cuadernos de Trabajo Social* (Madrid), vol. 18, 2005, p. 257.
55. María Lugones: *op. cit.*, pp. 62-65.
56. Susan Moller Okin: "Desigualdad de género y diferencias culturales", en Carme Castells (comp.): *Perspectivas feministas en teoría política*, Barcelona, Paidós, 1996, pp. 190-194.
57. Celia Amorós: *Vetas de Ilustración. Reflexiones sobre feminismo e Islam*, *op. cit.*; véanse especialmente los capítulos 4 y 6.
58. Sophie Bessis: *op. cit.*, p. 130.
59. Isabella Bakker: "Dotar de género a la reforma de la política macroeconómica en la era de la reestructuración global", en Cristina Carrasco (ed.): *Mujeres y economía*, Barcelona, Icaria, 1999, p. 245.
60. Rosa Cobo: "Ellas y nosotras en el diálogo intercultural", en Rosa Cobo (ed.): *Interculturalidad, feminismo y educación*, Madrid, Libros de la Catarata, 2006, p. 14.
61. Sophie Bessis: *op. cit.*, p. 18.
62. Graciela Malgesini y Carlos Giménez: *Guía de conceptos sobre migraciones, racismo e interculturalidad*, Madrid, Los libros de la Catarata, 2000, p. 253.
63. Miquel Rodrigo Alsina: *La comunicación intercultural*, Barcelona, Anthropos, 1999.
64. Celia Amorós: *Vetas de Ilustración. Reflexiones sobre feminismo e Islam*, *op. cit.*, capítulo 4.
65. Graciela Malgesini y Carlos Giménez: *Guía de conceptos sobre migraciones, racismo e interculturalidad*, *op. cit.* Véanse específicamente las páginas 250-260.
66. Seyla Benhabib: *op. cit.*, capítulo 2.
67. Celia Amorós: "Feminismo y multiculturalismo", en *Teoría feminista: de la Ilustración a la Globalización*, *op. cit.*, p. 233.
68. Seyla Benhabib: *op. cit.*, capítulo 2.
69. Nancy Fraser: "Multiculturalidad y equidad entre los sexos", *op. cit.*, 35-55; véanse especialmente las páginas 39-43.
70. Emilio Lamo de Espinosa, *op.cit.*, p. 18.
71. Javier de Lucas: "¿Elogio de Babel? Sobre las dificultades del Derecho frente al proyecto intercultural", en VV. AA.: *Multiculturalismo y diferencia. Sujetos, nación, género*, en Anales de la Cátedra Francisco Suárez (Granada), nº 31, 1994, 15-39, p. 35.
72. Rosa Cobo Bedía: "Multiculturalismo, democracia paritaria y participación política", en *Política y Sociedad* (Madrid), nº 32, 1999.

CAPÍTULO 3
GLOBALIZACIÓN CAPITALISTA Y SERVIDUMBRES DE GÉNERO

La globalización es el hecho social más significativo de las tres últimas décadas del siglo XX y, desde luego, de comienzos del siglo XXI. La globalización está dando nombre al más amplio y profundo proceso de transformación social que ha tenido lugar tras la revolución industrial. En estas nuevas sociedades que se están gestando desde hace décadas se pueden identificar nuevas formas de estratificación social y nuevas relaciones sociales, con los consiguientes cambios en las viejas instituciones de la Modernidad. En este capítulo señalaré algunos aspectos de este multivalente fenómeno social al objeto de mostrar algunos de los efectos de la globalización sobre la vida de las mujeres.

Y es que, de una forma subterránea, se habían incubado en las últimas décadas diversos cambios sociales que desde las ciencias sociales habían sido analizados como fenómenos aislados. Sin embargo, estas silenciosas transformaciones hoy pueden ser identificadas como partes de un vertiginoso proceso que está cambiando de diversas formas no sólo el tejido social global, sino también nuestro imaginario colectivo. Destacaré por su significación algunas de las transformaciones a las que estamos asistiendo y que están modificando el estatuto social de las mujeres en mayor o menor medida: la crisis de la familia patriarcal y el surgimiento de nuevos modelos familiares, la flexibilización del mercado de trabajo y la pérdida de derechos sociales (cuando apenas se habían consolidado en algunos países del tercio rico del mundo), el debilitamiento de la política frente a los poderes económico-financieros, la precarización de la ciudadanía y de la democracia social, el reforzamiento del individuo como consumidor o la posición dominante de las nuevas tecnologías en nuestras sociedades, entre otros muchos cambios sociales.

Ese conjunto de cambios ha producido una severa crisis en los estados de bienestar de los países ricos y un recorte en las reducidas políticas públicas de los países pobres. Ahora bien, no es posible analizar los efectos de la globalización económica neoliberal sobre las mujeres sin explicar que los dos grandes contratos que articularon la Modernidad, el contrato social y el contrato sexual, están experimentando una crisis profunda. Tras la Segunda Guerra Mundial, la derecha económica y la izquierda sindical y política pactaron un nuevo orden social: los estados de bienestar. En efecto, la educación gratuita, la salud pública, un sistema de pensiones de jubilación y los derechos laborales, como la jornada de ocho horas, fueron las exigencias fundamentales del movimiento obrero. Frente a estas conquistas, la izquierda sindical ofrecía el encauzamiento del conflicto social a través de la negociación. Se aplicaron políticas keynesianas hasta el extremo de que las políticas de redistribución económica se convirtieron en la columna vertebral de las sociedades capitalistas de la postguerra y del tercio rico del mundo; y, además, actuaron como un espejo en el que se miraban muchos sectores de población de los países de los dos tercios pobres del mundo.

En este esquema de organización social, el papel del estado es clave, pues se encarga de diseñar y aplicar políticas de redistribución para determinados colectivos sociales a los que no abastece el mercado. Y es precisamente el estado-nación una de las realidades sociales que más está siendo erosionada por la globalización económica capitalista. En efecto, estamos asistiendo a un proceso de "desnacionalización de componentes particulares de lo que habitualmente percibimos como territorios y dominios institucionales 'nacionales'"[1]. De modo que la globalización capitalista se está edificando sobre la quiebra del contrato social sobre el que se fundaron los estados de bienestar.

De otro lado, el contrato sexual también está experimentando una crisis profunda, pues las instituciones fundamentales que regulan la sexualidad y que forman parte primordial de los pactos entre varones —una mujer para cada varón y unas pocas para todos— están siendo socavadas. En efecto, la familia patriarcal y la prostitución están transformándose a pasados agigantados, pues mientras que la familia patriarcal se está debilitando en muchas partes del mundo, la prostitución como institución de regulación de la sexualidad se está ampliando hasta niveles insólitos. Es necesario explorar la relación de necesidad que existe entre estas dos prácticas de regulación de la sexualidad. Los datos indican que cuanto más se erosiona la familia patriarcal y más protagonismo social adquieren las mujeres, más se refuerzan las prácticas de prostitución y el tráfico de mujeres para la explotación sexual. Cuanto más refuerzan su individualidad un pequeño grupo de mujeres, más agresivas se vuelven las prácticas masculinas de desindividualización para el resto de ellas. También se ha quebrado uno de los pilares de la familia patriarcal, la del varón proveedor universal por el que éste se consagraba como proveedor único del salario familiar y se asignaba a las mujeres el papel de amas de casa sin salario. En efecto, sectores cuantitativamente significativos de mujeres han accedido al mercado laboral y han adquirido un protagonismo social que nunca habían tenido. Y también han conquistado reducidos espacios de decisión en el poder político. Todos estos hechos han puesto en crisis el contrato sexual.

Además, los pactos entre los varones, es decir, el sistema de "afiliaciones horizontales"[2], por primera vez en la historia muestra fisuras significativas, pues están siendo cuestionados por algunos de sus propios miembros. Se construyen nuevas y violentas fratrías masculinas, como las que perpetran los feminicidios y otros actos de violencia sexual, pero, al mismo tiempo, algunos varones individualmente y otros que se asocian colectivamente cuestionan el sistema de dominio masculino debido a la inaceptabilidad moral de la red de privilegios sobre los que se asienta y los consiguientes déficits de derechos y recursos que eso ocasiona a las mujeres.

Por ello, la globalización capitalista no tiene sólo un rostro económico que se ha edificado sobre la quiebra del contrato social; también tiene un rostro patriarcal que se está desarrollando sobre el contrato sexual que se gestó en la Modernidad. El nuevo mundo que se está fabricando está modificando a fondo las aparentemente estables dinámicas internas de las variables "clase" y "género".

De otra parte, los cambios sociales profundos tienen su correlato en cambios en los imaginarios colectivos. La redefinición de los conceptos de naturaleza y cultura recorren subterráneamente ese nuevo imaginario colectivo que se está creando. En efecto, la aceleración de las producciones tecnológicas y artificiales están modificando los conceptos de cultura y naturaleza en el sentido de que, como dice Dona Haraway, no hay nada de natural en la naturaleza. Se está produciendo un corrimiento de la frontera entre lo natural y lo artificial y se están descodificando las fronteras que anunciaban dos mundos separados: el de la naturaleza y el de la cultura. Las nuevas tecnologías se están incorporando tan irreversiblemente a nuestras vidas que están contribuyendo a modificar nuestra forma de pensar y de interpretar el mundo. Tanto las tecnologías informacionales como, por ejemplo, las tecnologías reproductivas están influyendo significativamente sobre el estatuto de las mujeres en las sociedades contemporáneas en múltiples sentidos.

Nuevas formas culturales e inéditas formas políticas e ideológicas están influyendo en nuestra cultura política y quizá estén poniendo las bases de cambios significativos en nuestra metapolítica. De ahí que se pregunte Fernando Quesada si estas formas tecnológico-culturales no "nos están obligando a remodelar nuestras estructuras de pensamiento y, con ello, abriendo una vía del nuevo imaginario político"[3]. Ese conjunto de cambios que estamos señalando nos están situando ante nuevos escenarios sociales.

Y aquí se abre el primer interrogante: ¿qué capacidad tienen las mujeres para influir en las nuevas estructuras de realidad que se están creando y en qué medida se pueden modificar los nuevos escenarios sociales que se están configurando en esta nueva época marcada por la globalización? Es indudable que estamos asistiendo a un proceso intenso de transformación social, pues mentalidades e instituciones están cambiando con mayor o menor rapidez según los diferentes contextos sociales y según las diferentes regiones del mundo. La novedad más relevante de este complejo proceso de cambio social es que no está reducido a una sola región del mundo, es global y, además, no produce los mismos efectos en todas las sociedades. También es nuevo el hecho de que no sea necesario el estado para alcanzar lo global. Las redes feministas, por ejemplo, así como las transacciones financieras nos muestran la "desmaterialización" del estado. Otra singularidad de este proceso es que provoca efectos parecidos en sectores sociales similares de diferentes países, tanto del tercio rico como de los tercios pobres del mundo. Cada vez más se homologan las clases dominantes de los países del Norte y del Sur y lo mismo ocurre con los sectores sociales más pobres. Se globalizan los sectores dominantes y se globalizan también las clases pobres. Se transversaliza la riqueza y la pobreza.

Ahora bien, los momentos históricos de cambio social, es decir, de transformaciones en las estructuras materiales y simbólicas, suscitan preguntas acerca de cuáles deben ser los espacios sociales que ocuparán las mujeres en el nuevo mundo. Carole Pateman, en *El contrato sexual*[4], argumenta que la situación de subordinación social de las mujeres contemporáneas se explica a partir de un pacto fundacional por el que los varones pactaban la propiedad de las mujeres y el acceso sexual a sus cuerpos. La sólida herencia de este pacto se observa en todas las sociedades y la prueba fehaciente es la desigualdad, presente de formas distintas, en todas y cada de las sociedades. La desigualdad de género no sólo nos habla de los déficits de recursos y derechos de las mujeres, sino también de los privilegios de los varones. Y para mantener esta relación de dominio, aún con diferentes grados en cada sociedad, es necesario que los entramados institucionales y sociales estén al servicio de la sociedad patriarcal. Por eso, cuando se producen cambios profundos en la estructura social se alteran las relaciones de poder entre hombres y mujeres; y las sociedades, dirigidas por élites masculinas, se interrogan sobre cómo deben recomponerse esas relaciones de dominio y subordinación sobre realidades sociales que están en periodo de transformación.

En este momento histórico es crucial producir conocimiento y reflexiones feministas que iluminen los nuevos hechos sociales que se están gestando y que afectan a las vidas de las mujeres. Este conocimiento debe tener como objeto desvelar las nuevas jerarquías de poder patriarcales que se están fabricando y los nuevos entramados institucionales y sociales en los que se insertan esas nuevas relaciones. Al mismo tiempo, este conocimiento tiene que tener la suficiente capacidad explicativa como para dar cuenta de la complejidad de las mujeres como colectivo social y, al tiempo, tiene que deslegitimar las configuraciones teóricas que eluden explicar los múltiples cruces de dominación en que están inscritas las mujeres y que tan excelentes beneficios están proporcionando a los varones y a la nueva economía capitalista. En efecto, tal y como sostiene Mohanty, los procesos políticos y económicos globales han exacerbado las desigualdades económicas, raciales y de género y necesitan ser desvelados, reexaminados y teorizados[5].

Y es precisamente en este contexto en el que hay que examinar los cambios reales y concretos que se están produciendo en diversos colectivos de mujeres y las herramientas que pueden ser utilizadas para desactivar ámbitos de dominio patriarcal: desde políticas de la resistencia en la sociedad civil hasta aquellas otras de carácter más institucional como las políticas públicas de igualdad, tanto de acción afirmativa como de discriminación positiva. Tanto las políticas que se realizan desde la sociedad civil como las institucionales —si tienen un carácter feminista— refuerzan en primera instancia a las mujeres colectivamente y, en segunda instancia, amplían su autonomía individual. Las dos políticas son necesarias en la construcción de las mujeres como sujetos libres y autónomos.

SIGNIFICADOS Y SUBTEXTOS DE LA GLOBALIZACIÓN

El origen de la globalización capitalista se remonta a antes de los años ochenta. Y, por ello mismo, no puede ser analizado como un proceso espontáneo surgido a causa de la caída del muro de Berlín, aunque la quiebra de los países socialistas del este de Europa haya sido un elemento decisivo en la legitimación ideológica de la globalización neoliberal. La caída de los regímenes socialistas fue la excusa perfecta para que algunos teóricos argumentasen sobre la racionalidad del capitalismo. El célebre texto de Francis Fukuyama "El fin de la historia"[6] ilustraba sobremanera esta posición, al tiempo que abría ideológicamente las puertas a los defensores de la globalización económica y del mercado ilimitado. De hecho, en la década de los noventa se produce una considerable institucionalización de los "derechos" de las empresas multinacionales, la desregulación de las operaciones transfronterizas y el aumento de poder e influencia de algunas organizaciones supranacionales[7].

El concepto de globalización es polisémico y tiene diversos significados y distintos desarrollos sociales. De un lado, la globalización significa, sobre todo, la creación de nuevos vínculos y lazos sociales, de inesperadas realidades sociales, de entramados institucionales inéditos y de nuevas estratificaciones y jerarquías sociales. Se está construyendo una estructura social global en forma de red, tal y como sostiene Castells, y estas nuevas realidades tienen como correlato la aparición de nuevas relaciones entre los individuos. De otro lado, el cambio en la estructura material no puede desarrollarse ni consolidarse si no se producen a su vez cambios funcionales en las estructuras simbólicas. Y, así, se están instalando en nuestro imaginario colectivo otros valores y otras nuevas formas de resignificación de la realidad. Por lo tanto, hay que tener en cuenta todos estos elementos para que el concepto de globalización pueda ser legible. Saskia Sassen explica que existen múltiples globalizaciones y la forma dominante de globalización —la economía global corporativa— es sólo una de ellas[8]. En la misma dirección subraya Fernando Quesada que, aunque existe una globalización dominante, o realmente existente, hay otros múltiples procesos de globalización que ponen de manifiesto no sólo su carácter abierto y plural, sino también su condición inconclusa[9].

Sin embargo, no puede soslayarse que el rostro más relevante de la globalización hoy es el neoliberal. Y este proceso es el que ha introducido cambios significativos en las condiciones de vida de las mujeres: "La globalización es un fenómeno económico, político e ideológico que somete activamente al mundo y a sus diversas comunidades a regímenes materiales y discursivos que están conectados y son interdependientes. Las vidas de las mujeres están conectadas y son interdependientes, aunque no sean iguales, sin importar en qué área geográfica se viva"[10].

La globalización es un proceso inevitable, pues las tecnologías informacionales, la intensificación y abaratamiento de los sistemas de transporte más rápidos y la cultura global se están extendiendo por el planeta y nos están empujando a "mirar" más allá de lo local y de nuestras fronteras territoriales. El mundo es ahora cualitativamente diferente porque podemos aproximarnos a las experiencias singulares de grupos humanos que viven alejados de nosotros y, además, podemos comunicarnos. La idea fundamental para comprender la globalización es que lo global puede anidar en lo local —las ciudades globales— y lo local en lo global. Ahora bien, los procesos de globalización tienen diferentes rostros. El peor de todos es el neoliberal, pues reposa sobre la idea de que lo económico está por encima de lo político. Dicho en otros términos, lo económico está adquiriendo una autonomía y poder frente a la política y frente al estado mucho mayor que el que tuvo tras la Segunda Guerra Mundial.

Las redes informacionales están en el origen de muchos de los cambios sociales que han tenido lugar en las últimas décadas, pues el capitalismo aprovechó con rapidez y habilidad esas redes para así expandirse con los menores controles posibles. Por ello, hay que mostrar la génesis de este vínculo entre tecnologías informacionales y capitalismo y, al tiempo, poner de manifiesto que esas redes tienen otras utilidades más amplias que las utilizadas por el nuevo capitalismo. Es empíricamente verificable que las políticas económicas neoliberales producen exclusión para quienes no tienen acceso a los recursos informacionales y empobrecen a quienes no poseen la cultura necesaria para integrarse en el nuevo y polarizado mercado laboral. En otros términos, las tecnologías informacionales, con Internet a la cabeza, no han servido sólo para el desarrollo del capitalismo neoliberal, sino también para otros fines, como, por ejemplo, la articulación política internacional de los movimientos críticos con este modelo económico. En efecto, se han constituido redes con fines políticos no formales, como lo demuestra el aumento de las redes transnacionales de defensores del medio ambiente o de los derechos humanos. Aunque, ciertamente, esta realidad ofrece un macabro reverso: la de las redes delictivas internacionales como las de los narcotraficantes, terroristas o traficantes de seres humanos, entre otros[11].

Señala Vicenç Navarro que los países de la UE que están hoy más globalizados, es decir, los más integrados en la economía internacional (Suecia, Dinamarca, Finlandia, Noruega y Holanda), son los países que tienen tasas más bajas de desempleo y los estados de bienestar más desarrollados de toda la UE[12]. En otros términos, la interdependencia de la economía mundial, es decir, los procesos de globalización económica no tienen necesariamente que ir acompañados de políticas neoliberales, pues también se pueden globalizar políticas económicas socialistas. La globalización económica puede tener un rostro más humano y orientarse hacia la igualdad. Y para ello es central el papel del estado, como reorientador de otras políticas que hagan de contrapoder a las corporaciones capitalistas.

Pese a que la economía global se concreta en los territorios nacionales, la desnacionalización parece detectarse como una tendencia irreversible. Sin embargo, tal y como señala Saskia Sassen, el punto central es que ciertos componentes de las políticas y funciones del estado han lanzado un proyecto desnacionalizador[13]. Se está instalando un nuevo orden privado en el corazón del estado que consiste en privatizar ámbitos de lo público y privar de parcelas de soberanía a los estados. Pero, pese a todo, el estado aún tiene capacidad y soberanía para utilizar su autoridad y legitimidad en la producción de ámbitos que desactiven la exclusión social y promuevan la igualdad.

Tanto Castells como Navarro coinciden en que el desarrollo o retroceso de la globalización neoliberal depende del fortalecimiento político de los movimientos sociales críticos con las políticas neoliberales, tanto a nivel nacional como internacional. Navarro explica que los estados pueden protegerse de las presiones del capital financiero y que la decisión de hacerlo o no depende de las relaciones de fuerza dentro de cada estado, es decir, del grado de influencia sobre él de los distintos movimientos sociales. Lo político, a juicio de este autor, es lo determinante[14]. Los movimientos sociales y la sociedad civil tienen una responsabilidad histórica en la reorientación del nuevo capitalismo global. Y, en este sentido, el papel del movimiento feminista es vital para el bienestar de las mujeres. Mohanty explica con gran lucidez que una práctica feminista transnacional depende de construir solidaridades feministas que tengan la capacidad de cruzar las divisiones de lugar, identidad, clase, trabajo y creencias: "En estos tiempos tan fragmentados resulta muy difícil construir tales alianzas, pero al mismo tiempo poder construirlas es más importante que nunca. El capitalismo global destruye posibilidades y también ofrece otras nuevas"[15].

Por eso, en este apartado quisiera reflexionar sobre una compleja dimensión de la globalización: la expansión de la ideología capitalista que argumenta con todos los medios a su alcance que la globalización neoliberal es un proceso histórico inevitable. Y para ello es necesario desmontar conceptual e ideológicamente esa especie de determinismo económico que opera a modo de subtexto y cuyo mensaje más reactivo es que la globalización capitalista es una lógica social irreversible. Como ya sabemos, nada hay de inevitable en la historia. Los ideólogos y los actores políticos y económicos que protagonizan las nuevas políticas económicas neoliberales, y los aparatos mediáticos que las apoyan, argumentan que la facticidad de esas políticas es la prueba más rotunda de su racionalidad. De hecho, han fabricado un discurso mixtificador cuyo núcleo central es que la racionalidad económica conduce necesariamente a las políticas neoliberales que ocultan que el proceso es el inverso, es decir, que la aplicación de estas políticas exige que se revistan ideológicamente de la inevitabilidad que proporciona la racionalidad.

¿Cómo dotar de cierta legitimidad a unas políticas que generan pobreza y exclusión para muchos y concentran la riqueza en unos pocos, tal y como sucedió en la época de la revolución industrial? ¿Cómo hacer creíbles estas medidas económicas si no es a través de ciertos y planificados procesos de sacralización? Nos encontramos ante un proceso de "reencantamiento" ideológico, utilizando el término de Weber, aunque de proporciones inimaginables para el sociólogo alemán, pues los medios de comunicación —que en su mayoría pertenecen a grandes empresas multinacionales que han protagonizado y se han beneficiado de la globalización— operan como instancias supremas de legitimación de esta nueva religión que está quebrando la unidad social de buena parte del planeta. Y es que hay que desactivar esa idea mágica de que existen fuerzas ajenas a la voluntad humana que dirigen el curso de la historia.

En zonas del imaginario colectivo parece estar prendiendo la idea de que el crecimiento económico es un fin en sí mismo y, por ello, no debe supeditarse a ningún proyecto político que tenga como fin el desarrollo humano. Se está construyendo un discurso ideológico en el que se presupone que la pobreza y la exclusión forman parte de la condición humana y niega que estas realidades sean el efecto de voluntades concretadas en sistemas de dominación históricamente estructurados.

La globalización en su desarrollo neoliberal no representa el sueño ilustrado de cosmopolitismo del que hablaba Kant, ni tampoco el viejo anhelo internacionalista de la izquierda ni tampoco es uno de los efectos deseados de la Modernidad. Las tecnologías informacionales nos ofrecen la posibilidad de que nuestras creencias, opiniones, conductas y prácticas culturales puedan contrastarse interculturalmente. Si la nueva economía capitalista no hubiese desarrollado uno de los rostros menos humanos de la globalización, con todos sus efectos, quizá hubiese sido más fácil construir espacios sociales interculturales. Sin embargo, en la actualidad, la globalización capitalista no es compatible con un modelo social intercultural, pues la mundialización del neoliberalismo tiene una insólita capacidad para uniformar costumbres e imponer modas globales por encima de tradiciones y culturas. Este poder de uniformización a través del mercado global está provocando fuertes movimientos sociales y políticos reactivos que se agarran a su identidad cultural —en muchos casos, a los aspectos más fundamentalistas de esas culturas— como única forma de sustraerse a la estandarización cultural que impone el consumo capitalista.

Sin embargo, la globalización también tiene un rostro más humano, que reside en las inmensas posibilidades tecnológicas para la humanidad y en las facilidades que abre a individuos y comunidades a efectos de comunicación intercultural. La idea largamente acariciada de construir una comunidad moral global aparece como un horizonte normativo en nuestras sociedades. Y las tecnologías informacionales pueden ser una herramienta crucial en este proceso.

CAPITALISMO GLOBAL Y EXCLUSIÓN SOCIAL

En el origen de la globalización se encuentran dos factores: las tecnologías informacionales y la reestructuración del capitalismo. El sociólogo Manuel Castells señala que la reestructuración del capitalismo en los años setenta y ochenta utilizó eficazmente las redes informacionales para inducir un salto espectacular en las fuerzas productivas y el crecimiento económico. La globalización es un proceso que tiene la finalidad de hacer del planeta un espacio único y sin fronteras para el dinero, las mercancías y los servicios[16]. La idea clave de la globalización es la libertad de movimiento de capitales sin ningún tipo de restricción, así como la libertad de movimiento de mercancías, sobre todo para los países del tercio rico del mundo. Señala Cecilia Castaño que la globalización es hoy la forma de funcionamiento de la economía mundial y el resultado de la confluencia de varios procesos: la liberalización comercial y financiera, la expansión de la economía de mercado, la interdependencia en la economía mundial y el desarrollo de las tecnologías de la información y de Internet[17].

Manuel Castells, que reconoce la cara positiva de la globalización, señala como inherente a este proceso su "lógica excluyente", tanto en los países del tercio rico como en los pobres, al privar de los beneficios del informacionalismo a millones de personas y a grandes zonas del planeta[18]. La mundialización neoliberal crea grandes bolsas de pobreza, que el mismo autor califica de "agujeros negros del capitalismo informacional". Lourdes Benería explica que la globalización económica significa la plena expansión de los mercados y señala que se está llevando a cabo en el contexto del modelo neoliberal de desarrollo, que no ha hecho otra cosa que volver al discurso del *laissez-faire* que caracterizaba al capitalismo del siglo XIX[19]. Esta teórica feminista se pregunta sobre el papel que han desempeñado los estados en la imposición del modelo neoliberal y concluye que el rol del estado-nación ha sido clave en la erosión gradual de las fronteras económicas entre países al imponer programas de desregulación de mercados[20]. La hipótesis de la que parten la mayoría de las investigaciones críticas sobre globalización económica es que los estados han facilitado los intereses de la nueva economía capitalista.

Sin embargo, no han sido los estados los que han pilotado los proyectos de liberalización del comercio, sino que han sido entidades transnacionales de carácter financiero e industrial las que han impuesto las reglas del juego. El Banco Mundial (BM), el Fondo Monetario Internacional (FMI), MERCOSUR, la OMC y otras corporaciones transnacionales del capitalismo internacional se están consolidando como estructuras de poder que trascienden los estados-nación, socavando su soberanía y, al mismo tiempo, minando las bases de las instituciones democráticas. En efecto, las nuevas organizaciones del capitalismo internacional no gozan de la legitimidad de las instituciones políticas que son consensuadas democráticamente por la ciudadanía. Señala Castells que la economía global será gobernada por un conjunto de instituciones interconectadas, cuyo eje será el club de los países del G-7 y sus brazos ejecutivos, el BM y el FMI. Todas ellas se encargarán de la regulación y de la intervención en nombre de las reglas básicas del capitalismo global[21]. Ahora bien, el estado no es una víctima de la globalización sino que participa activamente en su implantación. Su rol no es pasivo, pues una de las funciones que ha asumido ante el proceso de internacionalización económica ha sido negociar la intersección entre el derecho nacional y las actividades de los nuevos actores económicos —empresas— en el territorio nacional, así como las actividades de sus propios actores económicos en el extranjero. El ejemplo más claro es el de los bancos centrales, que han creado espacios institucionales a fin de aplicar las políticas monetarias necesarias para promover el desarrollo del mundo global capitalista[22].

CRISIS DEL ESTADO-NACIÓN Y NUEVAS FRONTERAS

Los múltiples procesos de globalización, fundamentalmente los económicos, han puesto en crisis lo que Saskia Sassen denomina el "nacionalismo metodológico"[23]. El estado-nación está inmerso en un proceso de profunda transformación. Estamos presenciando la crisis de la centralidad del estado como actor principal. En efecto, la aparición de actores económicos poderosos está modificando los atributos fundamentales del estado-nación, pues, aunque no se alteran las fronteras geográficas del territorio nacional, cambia el significado de la autoridad exclusiva del estado sobre dicho territorio[24]. Tanto Sassen como Castells señalan que no estamos ante el fin del estado, sino ante la reconfiguración del rol que ha desempeñado históricamente. La supremacía de lo nacional y de la autoridad exclusiva del estado sobre su territorio trae consigo la participación necesaria de los estados-nación en la formación de los sistemas globales[25]. El estado-nación ha dejado parcialmente de ser el marco en el que se desarrollan los procesos sociales, algunos de los cuales funcionan en clave de redes transfronterizas. Y, de hecho, desde comienzos de los noventa se ha debilitado considerablemente.

El concepto tradicional de frontera se ha desestabilizado a causa, sobre todo, de la emergencia de formaciones globales. La globalización actual implica una desarticulación de la categoría de frontera, pues las corporaciones económicas necesitan la apertura de éstas para el paso de los flujos del capital y de servicios. Explica Saskia Sassen que se han producido rupturas y nuevas demarcaciones fronterizas y que ahora las extensiones de las fronteras van mucho más allá de las divisiones geográficas. De una manera creciente, las representaciones tradicionales de la frontera dejan fuera a una serie creciente de instituciones y formaciones[26]. De un lado, se están multiplicando las conexiones transfronterizas y, de otro, se están inhabilitando parcialmente las fronteras nacionales tradicionales. En otros términos, mientras que desaparecen los controles fronterizos para distintos flujos de capitales, servicios e información, se refuerzan las fronteras para los trabajadores inmigrantes. El debilitamiento del estado está vinculado al debilitamiento de las fronteras.

Se están formando sistemas legales especializados y a la vez formalizados que dejan de estar bajo la autoridad de los sistemas jurídicos nacionales. Afirma Sassen que "la proliferación de sistemas normativos especializados, en su mayoría privados o supraestatales, señala la desestabilización de las nociones convencionales de frontera nacional"[27]. Ahora bien, estos sistemas legales especializados se configuran fundamentalmente a partir de las necesidades y presiones de grandes empresas de determinados sectores. Pero no sólo de las grandes empresas, pues las comunidades culturales, en el marco del estado-nación, presionan para imponer sus propios sistemas legales. Por ejemplo, para regular las relaciones familiares y asegurar la subordinación de las mujeres. Ése es el caso de las aspiraciones de ciertos colectivos musulmanes por imponer la ley de la *sharia* para su grupo en países no musulmanes. Lo mismo ocurre con pueblos originarios que aspiran a tener sus propios sistemas jurídicos en el marco del estado, aunque ese sistema jurídico vulnere los derechos humanos de las mujeres. En ambos casos, se vislumbra la formación de otras fronteras. Los regímenes jurídicos privados son otras demarcaciones fronterizas que nada tienen que ver con las fronteras nacionales. De otro lado, el debilitamiento de las fronteras y del estado abre espacios para los delitos y la impunidad. El caso de los feminicidios de Ciudad Juárez está vinculado, entre otros factores, a la debilidad del estado y, en consecuencia, a la impunidad. Y todo ello junto a una frontera por la que transitan redes de tráfico de personas y de narcotráfico.

NUEVO PARADIGMA TECNOLÓGICO

Si las sociedades pueden subsistir cohesionadas y reproducirse en largos periodos históricos es porque existe coherencia entre la estructura social, el sistema político, la tecnología que se produce en el seno de esa sociedad, el tipo de conocimiento que se construye y las definiciones sociales que se fabrican para legitimar todo ese entramado institucional. Sólo entonces puede decirse que existe una estructura de plausibilidad en esa sociedad[28]. Y sobre esa estructura se asienta la unidad social.

Las transformaciones materiales deben ir acompañadas por cambios culturales porque si no fuera así se rompería la coherencia que actúa a modo de cemento social. Pues bien, la globalización de la nueva economía capitalista y la modificación de los entramados políticos son posibles porque se están produciendo cambios sustanciales en la tecnología, en el conocimiento y en las definiciones sociales.

En efecto, no puede disociarse la tecnología que se produce en una sociedad de la estructura social en la que se origina esa tecnología. Castells explica que "el tipo de tecnología que se desarrolla y difunde en una determinada sociedad modela decisivamente su estructura material"[29]. La tesis de este sociólogo es que estamos asistiendo a una revolución tecnológica que nos ha conducido a un nuevo paradigma tecnológico que él denomina "paradigma informacionalista". Este paradigma, que sustituye al viejo paradigma industrialista del siglo XIX de la revolución industrial, proporciona las bases para un nuevo tipo de sociedad que este autor denomina "sociedad red". La característica más significativa de este nuevo paradigma es su extraordinaria capacidad para producir y procesar la información a partir de sus posibilidades recombinatorias y su flexibilidad distributiva (en distintos contextos y aplicaciones), de tal modo que a lo largo de este proceso se vuelve a producir nueva información, que se verá sometida al mismo proceso hasta un límite que no sabemos si llegará, pero que, si llega, dará paso probablemente a otro nuevo paradigma[30]. Estas tecnologías informacionales han proporcionado las bases a la nueva economía capitalista, pues los mercados financieros globales se sustentan en redes electrónicas que procesan señales y que a menudo son producidas por turbulencias en la información procedentes de diversas fuentes. Sólo el informacionalismo puede gestionar eficientemente los "proyectos empresariales", es decir, las grandes multinacionales que en estos momentos "dan cuenta de más del 30% del Producto Global Bruto (PGB) y de un 70% del comercio internacional"[31].

Estamos asistiendo a una profunda transformación en las estructuras sociales y también a un cambio significativo en nuestras formas de categorizar la realidad y de conceptualizarnos a nosotros mismos. En la Modernidad surge la posibilidad de construirnos como sujetos reflexivos con capacidad para distanciarnos de nuestras identidades asignadas[32], individual y colectivamente, y de gestar acciones de intervención y modificación de nuestro entorno social. Por supuesto, este proceso se configura como una posibilidad mediada por las grandes instituciones y estructuras represivas de la Modernidad. Desaparecen las jerarquías de nacimiento, pero reaparecen otras estructuras de poder patriarcales, sexuales, raciales, étnicas o de clase que limitan sobremanera la capacidad de construirse y ejercer como sujetos. ¿La globalización debilitará o erosionará estas jerarquías de dominación? ¿Creará otras nuevas?

Este tejido social es el que se está modificando y, con él, nuestro imaginario colectivo. En este contexto, se están formando nuevos imaginarios culturales en los que el desarrollo de las tecnologías están influyendo en una nueva categorización de la naturaleza y de la cultura. Si todas las épocas históricas han producido un concepto propio de naturaleza, ahora estamos asistiendo a una nueva redefinición de lo natural. Las tenologías informacionales —microelectrónica e ingeniería genética—, que tanto han condicionado este periodo histórico en el que vivimos, están transformando nuestras formas de pensar: desde los conceptos de espacio y tiempo hasta la definición de qué es artificial y qué es natural.

NUEVAS LEGITIMACIONES IDEOLÓGICAS

Debido al carácter multidimensional de la globalización, ésta no puede leerse sólo en clave económica. También hay que leerla en clave cultural y política. Las estructuras materiales no se pueden afianzar socialmente ni enraizarse en la realidad si las estructuras simbólicas no contribuyen a producir nuevos sistemas de legitimación ideológica. De modo que el nuevo capitalismo informacional requiere de valores y definiciones sociales que doten de plausibilidad a la nueva organización socio-económica. En efecto, la globalización económica, basada en el énfasis en la productividad, la eficiencia y la recompensa financiera, ha ido acompañada de cambios en los valores y actitudes de la sociedad, acentuando el individualismo y la competencia, junto con una aparente tolerancia y aceptación de la desigualdad social e incluso de la codicia[33].

Este modelo ideológico se sustenta en la idea de que el beneficio y la ganancia son objetivos moralmente aceptables[34]. La idea que subyace en este discurso es que la sociedad debe estar al servicio de la economía y que esta última produce tantos beneficios que cualquier otro hecho debe subordinarse a la lógica económica, pese a que uno de sus efectos no deseados sea la desigualdad social. El viejo discurso conservador de que la desigualdad es un hecho "natural" imposible de erradicar ha comenzado a hacerse presente en el centro simbólico de la sociedad y una gran parte de los *mass media* están contribuyendo poderosamente a ello, al enmascarar este discurso tras la filosofía del mérito y del esfuerzo personal.

Las fuentes ideológicas que legitiman las nuevas prácticas económicas no sólo intentan clausurar la historia, sino también el principio ético y político central sobre el que se ha edificado la Modernidad: la noción de igualdad. Este principio, concebido como un mecanismo deslegitimador de privilegios y jerarquías sociales no fundados en el mérito y el esfuerzo personal, es presentado por la globalización económica como un valor obsoleto y disfuncional que entorpece el crecimiento económico y, por ello, erosiona los medios de vida de la población. Sin embargo, no hay que dejar pasar por alto que desde las posiciones ideológicas del nuevo capitalismo se están haciendo esfuerzos significativos para retomar la idea de mérito a efectos de utilizarla para justificar las nuevas desigualdades y estratificaciones sociales.

La idea de mérito tuvo su génesis en la Ilustración para deslegitimar la estructura estamental medieval en la que el nacimiento era la base de una sociedad que consagraba el dominio de la aristocracia. El mérito es la piedra angular del moderno concepto de movilidad social y se apoya en la idea de que la inteligencia y el esfuerzo deben modelar la sociedad de modo que aquellas jerarquías que no reposen sobre estos supuestos no serán legítimas. Esta idea se gesta, pues, para desactivar privilegios estamentales, para estimular ideológicamente la movilidad social y para reforzar a los individuos como sujetos frente a entidades colectivas —estamentos— que se creían sagradas y naturales. La operación ideológica de la nueva economía capitalista es apropiarse de este concepto, tras haber eliminado su carácter emancipador, y usarlo para legitimar nuevas desigualdades.

Dicho de otra forma, la nueva estructura social global que se está configurando —en palabras de Castells, un mundo de "ganadores y perdedores"— está asociada a la inteligencia, al talento y al trabajo de los individuos. Estar entre los ganadores o los perdedores no tiene que ver con una lógica económica, sino con la voluntad individual. Para resumir, las dos principales construcciones ideológicas del nuevo capitalismo neoliberal son las siguientes: primero, la nueva economía neoliberal no es el resultado de la acción humana, es una lógica que se nos impone debido a su máxima "racionalidad"; segundo, lo que sí podemos elegir es estar entre los ganadores o los perdedores de esa lógica suprahistórica.

Si aceptamos la lógica de estos dos supuestos, cabe hacerse una pregunta específicamente feminista: ¿por qué las mujeres están mayoritariamente entre los perdedores? Pueden identificarse respuestas no feministas y respuestas feministas. Veamos las primeras: puede ser porque las mujeres carecen de las características psicológicas que las empujen al mundo de los ganadores. En efecto, quizá no tienen la suficiente ambición y competitividad porque están más dotadas para el mundo de los afectos y los cuidados. O puede ser porque en realidad no les interesa un mundo que no consideran el suyo, ya que a lo largo de la historia han cultivado otros valores que no desembocan en el mundo del poder. Cualquiera de estas dos respuestas tendrían como subtexto filosofías de la diferencia. Pero también se puede argumentar que para estar entre los ganadores hay que tener talento, inteligencia y una gran capacidad de trabajo, en definitiva, excelencia. Y quizá a las mujeres no se les presupone esas cualidades ni esa excelencia, porque esos rasgos tienen la marca masculina. Si se acepta esta hipótesis, entonces estamos ante un discurso de la inferioridad de las mujeres. Sea explícito o inexplícito.

Ahora vamos con las segundas. Se podría argumentar que la ya crónica falta de formación cultural y cualificación profesional de la mayoría de las mujeres del planeta está relacionada con nuestra posición de perdedoras. También se podría explicar, tal y como expone la antropóloga Teresa del Valle, que la socialización que reciben las mujeres es una socialización para el no-poder y orientada a los afectos y al cuidado. Cabe aún otra explicación: la dedicación de las mujeres a la familia les resta tiempo y energía para participar en la vida comunitaria y económica. Y, aún más, se podría sostener que los varones ponen obstáculos severos para impedir que las mujeres accedan a los espacios de los ganadores.

La visión de la globalización neoliberal de un mundo dividido entre ganadores y perdedores tiene un subtexto de género que hay que analizar. En efecto, los requisitos que conducen al mundo de los ganadores no son accesibles a la mayoría de las mujeres del planeta. Y esta exclusión del espacio de los ganadores ha de ser discursivamente enmascarada en filosofías de la diferencia o en discursos de la inferioridad de las mujeres.

Ahora bien, si estos valores legitimadores de la concepción de la sociedad basada en el crecimiento económico y en un mundo de "ganadores" y de emprendedores anidan en lo que llamaríamos, utilizando la terminología de Durkheim, el centro simbólico de la sociedad, también se detectan en ese mismo espacio simbólico otros valores críticos con la desigualdad, con el individualismo posesivo y con la exclusión. Como no podía ser de otra forma, los fenómenos sociales de este mundo global están teniendo su correlato en el imaginario colectivo y en el centro simbólico de la sociedad. Si, como decía Marx, los valores hegemónicos de una sociedad son los de su clase dominante, ahora se puede aplicar la misma receta: el consumo, el mercado y el dinero se presentan como valores sagrados y, como se sabe, lo sagrado queda fuera del ámbito del debate social y de la discusión política. Pese a todo, en el imaginario colectivo están brotando otras formas de pensar y otros valores críticos con la desigualdad y la exclusión.

Se observan focos de malestar en nuestras sociedades y, más aún, es posible que estén gestándose subterráneamente otros descontentos a la vista de la configuración de nuevos núcleos de pobreza y exclusión entre diversos colectivos sociales. De otro lado, la clase media, en diversas partes del mundo, como Europa o América Latina, está debilitándose en términos de recursos y la bajada de salarios se está generalizando. Estos datos pueden ser factores a tener en cuenta en la construcción de un posible proyecto político de transformación social. El discurso que articule ideológicamente este proyecto forzosamente ha de ser nuevo, pero también será heredero de las tradiciones feminista y marxista. E, indudablemente, tendrá nuevos elementos, porque tiene que dar respuestas a realidades sociales con nuevas estructuras de dominio y nuevas jerarquías de poder.

La dificultad de este discurso se origina en que la actual realidad social no es la misma que la de hace décadas. Está cambiando sustancialmente la composición y el funcionamiento del mercado de trabajo, están perdiendo espacio de negociación política los sindicatos y se están recortando los derechos laborales conquistados tras la Segunda Guerra Mundial. Estamos presenciando la descomposición de la denominada "aristocracia obrera" del primer mundo y, además, están perdiendo poder adquisitivo segmentos importantes de las clases medias de países pobres y ricos y, sobre todo, se están integrando considerables contingentes de mujeres al mercado laboral en todo el mundo en condiciones incuestionables de sobreexplotación.

La estructura social tradicional tanto en el tercio rico como en los dos tercios pobres del mundo está cambiando significativamente. Y estos cambios a la fuerza han de transformar el viejo y emancipador discurso político de la izquierda. La clase obrera ha dejado de ser la vanguardia de este proyecto político. Hace ya tiempo que la propia noción de vanguardia está en crisis a causa de sus resonancias jerárquicas y antidemocráticas. Se atisban nuevos sujetos colectivos emancipatorios que no aceptan que uno de ellos se convierta en vanguardia de los demás. Parece plausible pensar que los focos de opresión y desigualdad marcarán el surgimiento de nuevos proyectos colectivos de emancipación. Las alianzas en condiciones de simetría y reciprocidad entre los sujetos colectivos parecen expulsar la misma noción de vanguardia. Sin embargo, la existencia de diferentes proyectos políticos críticos no debe impedir la posibilidad de la articulación ética y política en un único proyecto de transformación social en torno a la idea de igualdad de derechos y recursos. Una igualdad que tenga la capacidad de combinar políticas de la redistribución y políticas del reconocimiento no esencialistas.

Se hace necesario la reflexión sobre el diseño de un proyecto político en el que coexistan creativa y solidariamente las singularidades y los intereses específicos de cada grupo o colectivo y también hay que imaginar una nueva utopía flexible que dé cabida a todos y todas. Frente a una única estructura de dominio económico de carácter universal no parece que la respuesta pueda ser solamente local o contextual; y frente a un sistema de dominio masculino tampoco parece plausible la respuesta local. Se hace necesario un marco organizativo y otro normativo, de mínimos ambos, que articulen los intereses más esenciales de cada proyecto político a fin de consensuar una agenda política común por parte de todos los grupos oprimidos. Pero no sería éste el único motivo, también hay otro, y es que todo proyecto político de transformación social tiene un carácter pedagógico y socializador. Y tan importante es el aspecto político y funcional como la dimensión solidaria de esa política que después se proyecta sobre toda la sociedad. Si es importante desactivar mecanismos de opresión, igualmente importante es que los individuos se socialicen en la idea de solidaridad.

En este contexto, el feminismo se configura como el sujeto político colectivo que más legitimidad ha atesorado históricamente en su defensa de las mujeres. Y si bien parece razonable pensar en una negociación en condiciones de simetría con otros grupos oprimidos, no hay que olvidar que las mujeres están repartidas en todos los grupos y colectivos sociales. El feminismo no puede ser un colectivo más entre otros colectivos, porque sus vindicaciones y las opresiones concretas de las mujeres están presentes en el resto de los grupos sociales excluidos, explotados o subordinados. Este hecho convierte las vindicaciones feministas en centrales para cualquier proyecto colectivo de transformación social. En efecto, "mientras que las mujeres y las niñas forman parte central de la fuerza de trabajo utilizada por el capital global, el trabajo en contra de la globalización no parece apoyarse en los análisis ni en las estrategias feministas. Por lo tanto, si bien he propuesto el argumento de que las feministas necesitan ser anticapitalistas, ahora propongo que los activistas y teóricos de la antiglobalización también necesitan ser feministas"[35].

LOS PROGRAMAS DE AJUSTE ESTRUCTURAL

El principal instrumento de las políticas económicas neoliberales son los Programas de Ajuste Estructural (PAE). Los PAE han sido en general diseñados por los gobiernos nacionales de cada país, pero siempre inspirados o dictados desde el exterior. El FMI y el BM han sido los organismos que han obligado a los países a imponer estas duras políticas para así negociar nuevos préstamos y nuevas condiciones de pago. Comenzaron a adoptarse a principios de los ochenta y han intensificado la expansión del mercado. Su objetivo ha sido la creación de las condiciones que hagan posible la libre circulación de los mercados sin obligaciones de ningún tipo: cortes en los presupuestos gubernamentales, programas de privatización, desregulación de los mercados, liberalización del comercio y debilitamiento de los controles a la inversión extranjera, entre otras medidas[36]. En las últimas décadas, el FMI y el BM otorgaban Préstamos de Ajuste Estructural siempre y cuando los países aplicasen profundas reformas en las políticas económicas: "El propósito de estos programas era promocionar la 'competitividad' de las economías estatales, lo que comúnmente significaba agudas reducciones en los programas sociales"[37].

Estas políticas, tal y como señala Lourdes Benería, han significado el uso de mano dura por parte de los gobiernos nacionales e instituciones internacionales para construir el nuevo modelo capitalista del siglo XXI. Ello ha sido producto de una intervención estatal deliberada impuesta verticalmente y sin un verdadero proceso democrático de discusión entre las partes afectadas. La aplicación de las políticas macroeconómicas dictadas por las instituciones financieras internacionales como el BM o el FMI, a través de los PAE, han obedecido más bien a conseguir el pago de los intereses de las deudas contraídas con las instituciones acreedoras internacionales antes que a promover y proteger los derechos humanos[38]. Los datos indican que la mayoría de los países endeudados no conseguirá superar los actuales niveles de endeudamiento mediante los PAE: "Ciertamente, parece que han tenido en muchos casos el efecto contrario. Ha aumentado la dependencia a través de un nuevo y acusado endeudamiento. Más aún, al lado de procesos de otra índole, los PAE han contribuido a multiplicar el desempleo y la pobreza"[39].

Explica Saskia Sassen que las economías en desarrollo, al plegarse a las condiciones asociadas a los PAE —apertura de la economía a las empresas extranjeras, eliminación de múltiples subsidios estatales—, han originado grandes costes para ciertos sectores de la economía y de la población —cierre de un número importante de empresas en sectores tradicionales orientados al mercado local o nacional, la pesada carga actual de la deuda estatal, entre otras— y no han conseguido reducir significativamente la deuda de los gobiernos[40].

Una de las condiciones de posibilidad de la puesta en marcha de las nuevas políticas económicas es el recorte en el gasto público. Los recortes de las políticas sociales, añadidos al desempleo, suelen tener efectos catastróficos, sobre todo en los países más pobres, pues obstaculizan el acceso a la salud y a la nutrición a aquellos sectores de la población que menos recursos tienen. Estos sectores, en su mayoría, suelen ser mujeres y niños y niñas. Cuando los recortes sociales se realizan en países altamente endeudados y con marcados niveles de pobreza estamos ante un fenómeno que tiene efectos devastadores para la población con menos recursos[41]. De modo que estas políticas económicas y estas corporaciones tienen una responsabilidad indirecta en la "desaparición" de individuos que tienen una inserción débil y precaria en sus empobrecidas sociedades. La aplicación de las políticas económicas neoliberales tiene efectos casi genocidas para las poblaciones más pobres, pues baja la tasa media de vida entre los sectores con menos recursos y aumentan las muertes infantiles. Esta violencia se cierne en mucha mayor medida contra las mujeres, que son mayoría entre los pobres.

MUJERES Y GLOBALIZACIÓN: HISTORIA DE UN SILENCIO CONCEPTUAL

El análisis de los programas de ajuste estructural y, en general, las investigaciones sobre globalización están marcadas por lo que Isabella Baker denomina un "silencio conceptual". Dicho de otra forma: muchos de esos análisis "se niegan a reconocer explícita o implícitamente que la reestructuración global se produce en un terreno marcado por el género"[42]. Y, sin embargo, los efectos de la globalización económica sobre la vida de las mujeres han contribuido significativamente a la feminización de la pobreza o a la segregación genérica del mercado laboral, entre otros fenómenos.

En la extensa bibliografía crítica sobre globalización neoliberal se pueden observar análisis minuciosos sobre el nuevo funcionamiento del capitalismo internacional, sobre nuevas formas de acumulación de capital, sobre el aumento de la desigualdad o sobre los más de 1.200 millones de personas que viven con menos de un dólar al día, pero escasean las investigaciones que visibilizan otra realidad empíricamente contrastable, como es la desigualdad de género y la pobreza de las mujeres. Y, sin embargo, la pobreza, la supervivencia, la exclusión y el trabajo gratuito se están feminizando cada vez más. No deja de ser sorprendente que uno de los muchos efectos asociados a la globalización sea la informalización del trabajo y que no se subraye el hecho de que la mayoría de ese trabajo mal pagado y sin derechos laborales lo realizan mujeres. Las investigaciones feministas subrayan que no pueden entenderse los procesos asociados a la globalización sin la aplicación de la variable "género" a estos procesos sociales. Dicho de otra forma, existe una estrecha conexión entre la desigualdad de género y la aplicación de políticas económicas neoliberales. El análisis feminista proporciona claves para entender este proceso multivalente que es la globalización. ¿Cómo hacer legible sin este análisis la creciente segregación genérica del mercado laboral global? ¿Cómo entender las migraciones vinculadas a la prostitución? ¿Cómo analizar la composición femenina de tantas maquilas? ¿Se podría dar cuenta de la informalización de la economía, del trabajo sumergido o del trabajo a tiempo parcial sin el enfoque de género? ¿Cómo no captar la vinculación entre la globalización económica capitalista y su propuesta de recorte de las políticas de bienestar social y el aumento del trabajo gratuito de las mujeres? ¿Y cómo interpretar correctamente estos fenómenos sociales sin el análisis feminista?

FAMILIA Y TRABAJO: IMPUESTO REPRODUCTIVO Y PLUSVALÍA DE DIGNIDAD GENÉRICA

Las mujeres no acceden al mercado con los mismos recursos y la misma movilidad que los varones, y por eso no pueden competir en igualdad de condiciones. Su acceso al mercado se ve muy condicionado por lo que la economista feminista Ingrid Palmer denomina "el impuesto reproductivo" que se realiza en el ámbito doméstico. En efecto, la inserción de las mujeres en el mercado está estrechamente vinculada a su posición en la estructura familiar y doméstica. Las mujeres han sido socializadas en la idea de que la familia es su responsabilidad primordial y que el trabajo asalariado es secundario respecto a la familia. Este mensaje se envía desde todas las instancias de socialización. Y si no se cumple, entran en funcionamiento tantos mecanismos de control social, desde los ideológicos hasta los coercitivos, que las mujeres se ven impulsadas a cumplirlo. Y no sólo las mujeres, pues también las familias han sido socializadas en los mismos valores y por ello exigen a madres y esposas que cumplan escrupulosamente su papel. Más aún, la estructura central de la sociedad, la división sexual del trabajo, asigna definiciones y roles de género a unos y otras. Y escapar a ese entramado patriarcal entraña muchas dificultades: distanciarse críticamente de la normatividad asignada requiere reajustes cognitivos, ideológicos y sociales muy profundos que, de hecho, están parcialmente en la base de ciertos cambios sociales que han hecho entrar en crisis a la familia patriarcal y al ideal de mujer que se gestó y desarrolló en la Modernidad.

El trabajo no pagado que realizan las mujeres en el hogar es el resultado del pacto patriarcal que firmaron los varones de la derecha económica y de la izquierda sindical y política tras la Segunda Guerra Mundial, por el que se consagraba al varón como proveedor económico universal de la familia y a las mujeres como cuidadoras familiares y trabajadoras domésticas[43]. El salario familiar asignado al varón empujó a las mujeres a las tareas domésticas y de cuidados y su exclusión del mercado les privó de algunos derechos que han afectado seriamente a su autoestima y su autonomía, además de convertirlas en un sector de la sociedad sobre el que se cierne con mayor contundencia la pobreza. Las implicaciones de este asimétrico reparto se pueden observar tanto en las pensiones de vejez y de viudedad como en la desvalorización e invisibilización del trabajo no pagado, en este caso del trabajo doméstico. De otro lado, este trabajo gratuito es un serio obstáculo para la integración de las mujeres en el mercado laboral. Este impuesto en trabajo reproductivo y la asimétrica distribución de recursos coloca a las mujeres en una posición de desigualdad respecto a los varones en el mercado laboral[44].

El "impuesto reproductivo" tiene raíces muy profundas, pues, como señala Jónasdóttir, bajo la explotación económica y doméstica subyace otro tipo de explotación que proporciona elementos explicativos de este "impuesto reproductivo". En efecto, en la familia, tal y como señala esta autora, los varones controlan y explotan el amor de las mujeres, y de ese amor se extrae una "plusvalía de dignidad genérica". En la familia, los varones se apropian de los poderes de cuidado y amor de las mujeres sin devolver equitativamente aquello que han recibido. Este proceso de explotación las deja incapacitadas para reconstruir sus reservas emocionales y sus posibilidades de autoestima y autoridad[45]. Este concepto intenta explorar otros planos de subordinación de las mujeres que van más allá de la asimétrica redistribución de recursos económicos entre ambos sexos. La idea es que la expropiación de esos recursos y la explotación producen efectos de desempoderamiento en las mujeres. Y, de esa forma, la familia se convierte en una pieza institucional clave del patriarcado para reproducir ese sistema de dominio.

Estos conceptos —"impuesto reproductivo" y "plusvalía de dignidad genérica"— explican en gran medida la precaria y débil inserción de las mujeres en el nuevo mercado laboral global, la poca presencia en las instituciones políticas, su casi ausencia de los poderes fácticos y, en general, su posición de subordinación en los diferentes espacios sociales en los que se manejan y distribuyen recursos. Al mismo tiempo, hay que perseguir el hilo invisible, pero sistémicamente interpretable, que vincula familia y mercado. La posición de desigualdad de las mujeres en la estructura familiar concretada en los dos conceptos explicados condiciona la inserción de las mujeres en el mercado laboral. Y, al revés, cuando se produce una buena inserción *(decent work)* en el mercado de trabajo y las mujeres acceden a la independencia económica suelen ganar en autonomía y autoestima y eso puede reforzar su papel en el seno de la familia. El crecimiento del protagonismo social de las mujeres está en la base de las transformaciones de la estructura familiar actual.

CRECIMIENTO DEL TRABAJO NO REMUNERADO

Uno de los efectos más rotundos de los programas de ajuste estructural es el crecimiento del trabajo gratuito de las mujeres en el hogar. La razón fundamental es el recorte de las políticas sociales y la privatización del sector público. La nueva política económica capitalista está recortando los derechos sociales y las políticas públicas de igualdad tanto en los países pobres como en los ricos. Los servicios sociales de los estados se están recortando o suprimiendo y este hecho inherente a la globalización capitalista tiene efectos directos sobre las mujeres. En efecto, aquellas funciones de las que el estado abdica relacionadas con la salud, la educación, la nutrición o los cuidados, entre otros, vuelven a recaer invariablemente en la familia, y nuevamente son asumidas por las mujeres, del mismo modo que antes de que se aplicasen políticas sociales.

Sin embargo, hay que subrayar que no sólo el recorte de las políticas sociales tiene efectos nocivos para las mujeres. También las políticas macroeconómicas ejercen una influencia significativa sobre el trabajo no remunerado y sobre las condiciones de vida de las mujeres. En efecto, el sistema impositivo, las políticas monetarias y el tipo de cambio influyen sobre las condiciones materiales de las mujeres. Se puede observar en lo relativo al sistema impositivo que las políticas neoliberales están empujando al reforzamiento de los impuestos indirectos (IVA) y a la bajada de los impuestos directos. Esta iniciativa política es regresiva para los colectivos de población más pobres, entre los que se encuentran mayoritariamente las mujeres. Los impuestos indirectos tienen un impacto mucho mayor sobre ellas, puesto que son quienes administran el presupuesto que se destina al consumo familiar.

Si analizamos las transferencias de renta, observamos que son el principal instrumento redistributivo del gobierno (pensiones, subsidios de paro, ayudas familiares, prestaciones por enfermedad y por maternidad, etc.) y que, según investigaciones de la OCDE, los subsidios de paro, las ayudas por maternidad y los subsidios por enfermedades temporales no han crecido nada en unos casos y han disminuido en otros muchos a partir de los años ochenta[46].

El estudio de las políticas monetarias y el tipo de cambio impuestas por los PAE nos da como resultado que la combinación de altos tipos de interés con recortes en el gasto público recae de forma desproporcionada sobre las mujeres urbanas y rurales más pobres y sobre los niños, es decir, sobre los grupos más vulnerables socialmente[47]. Estas políticas de altos tipos de interés se aplican fundamentalmente en los países pobres. En general, los recortes en el gasto social tienen como efecto el incremento del trabajo gratuito que realizan las mujeres en el marco doméstico y familiar, mientras que las políticas que aumentan el gasto público reducen el trabajo no remunerado de las mujeres, fundamentalmente porque el estado se hace cargo de tareas reproductivas o porque el empresariado asume algunas cargas, como las bajas por maternidad[48].

Las mujeres, al ser uno de los sectores de población más pobres, son quienes más se han beneficiado con los programas sociales; y por ello mismo son las que más acusan las medidas de ajuste estructural, puesto que son estos servicios a los que se aplican los recortes en los presupuestos nacionales. Las mujeres, invisibles como productoras, ahora con las políticas neoliberales vuelven a ser objetivo "del lápiz rojo del economista al ver numerosos servicios, por ejemplo, de salud reproductiva, tachados de los presupuestos nacionales"[49]. Si a todo esto se le añade la sobreexplotación en los sectores económicos asociados a las maquilas o a la informalización, tenemos como resultado que las mujeres trabajan más y en peores condiciones.

¿Cuál es el resultado de la aplicación de estas políticas de ajuste estructural sobre las mujeres? En primer lugar, influyen asimétricamente sobre las relaciones de género. Y es que el estado redefine y expande lo "privado" para así invisibilizar los costes de desplazamiento de la economía remunerada a la no remunerada. La necesidad de alargar el salario para poder hacer frente a las necesidades básicas implica casi siempre un incremento del trabajo doméstico: más necesidad de cocinar o cambios en los hábitos de la compra, entre otros[50].

Los efectos de las nuevas políticas económicas capitalistas son distintos para las mujeres de los países del Norte y de los del Sur. Pero también lo son para las mujeres con mayores o con menores recursos de los países ricos o pobres. Los efectos no varían sólo en relación a las regiones, sino también en relación a la pertenencia de las mujeres a una u otra clase social. Las mujeres pobres del tercio rico del mundo son cada vez más pobres y cada vez son más numerosas. La pobreza está entrando en los países ricos y se está consolidando como tendencia. Y la pobreza de las mujeres de una gran parte de los países pobres también se está ahondando. Asimismo, los efectos de las nuevas políticas económicas capitalistas se agravan en países con desarrollos débiles de los derechos sociales y de la democracia. Por supuesto, estas políticas económicas debilitan sus efectos cuando los países en los que se aplican están pasando por un momento de crecimiento y expansión y, por el contrario, cuando los países están en época de recesión y crisis económica los efectos golpean con dureza a los sectores con menos recursos y muy especialmente a las mujeres. De otro lado, no puede soslayarse el hecho de que en los países del Norte se apliquen en mayor o menor medida políticas de acción afirmativa como resultado de la movilización política de las mujeres en organizaciones feministas desde hace décadas. La fragilidad de la democracia y la debilidad de la sociedad civil son caldos de cultivo idóneos para las políticas neoliberales y son, por tanto, más favorables para la explotación de las mujeres. Pese a todo, en los países ricos se están haciendo visibles ciertas características de subdesarrollo, debido a los recortes en el sistema de seguridad social y a la marginación de grupos cada vez mayores de poblaciones excluidas del acceso al empleo formal[51].

La globalización es un proceso complejo y múltiple que no puede ser entendido sólo a partir de la división entre países pobres y países ricos, incluida la variable colonial como elemento de fuerte carácter explicativo. La distinción entre países del tercio rico del mundo y países de los dos tercios pobres es fundamental a efectos de entender las lógicas y dinámicas de redistribución de la riqueza y de la pobreza. Asimismo, el colonialismo y el imperialismo son elementos que explican la inferioridad cultural y social de los pueblos originarios, así como su explotación económica y su exclusión política. Sin embargo, también es necesario saber que "el centro de gravedad del manejo de las transacciones que generalmente designamos como globales se concentra desproporcionadamente en la región del Atlántico Norte, lo que facilita la creación y la aplicación de marcos de regulación y de normas técnicas convergentes en torno a los 'estándares' occidentales"[52]. Señala Saskia Sassen que interpretar la globalización como si fuese un espacio económico que se extiende más allá de la capacidad reguladora de un solo estado es considerar sólo una parte del proceso. El reverso de esta realidad es la concentración desproporcionada de las funciones centrales de la gestión en los territorios nacionales de los países más desarrollados[53].

Sin embargo, hace falta una estructura conceptual específica y complementaria a la ya existente para que la globalización se haga legible como fenómeno social. Por eso, además de identificar esas distinciones mencionadas, es necesario visibilizar las conexiones transversales entre segmentos de población similares en unas y otras regiones del mundo, ricos y pobres, y entre aquellos países que colonizaron y aquellos que fueron colonizados. Sin la búsqueda conceptual y política de esas conexiones no será posible comprender la configuración del nuevo mundo que se está gestando ni tampoco la construcción de una agenda feminista de transformación social.

Hay que producir un nuevo marco conceptual que dé cuenta de los procesos sociales que se están desarrollando globalmente. Es necesario identificar las conexiones de las mujeres pobres de los países del Norte y del Sur, pero, al tiempo, tener en cuenta que los países ricos imponen políticas y normas reguladoras que enriquecen a las élites del planeta y empobrecen a los sectores sociales con menos recursos también de todo el planeta.

SEGREGACIÓN DEL MERCADO LABORAL GLOBAL

Un hecho asociado a la globalización económica es la amplia inserción de las mujeres en el mercado laboral mundial. El análisis de la relación entre las mujeres y la globalización requiere de la formulación de algunas preguntas: ¿la reestructuración económica ha hecho que el empleo se extienda entre un número mayor de mujeres? ¿Alteran positivamente o refuerzan las nuevas políticas económicas capitalistas el espacio que ocupan las mujeres en el mercado de trabajo, en general mucho más pequeño, segregado y desigual?[54] ¿Qué ámbito económico abre la globalización económica a las mujeres? El mundo que está fabricando la globalización capitalista se ve marcado por el aumento de la precariedad tanto en los países pobres como en los ricos; y tanto en el trabajo formal como en el informal. Crece el trabajo de jornada reducida, y con ello los salarios de pobreza. Se está produciendo un aumento preocupante de la inseguridad y de la desigualdad económica y social en todas las facetas de la vida social. De hecho, están aumentando en Occidente "las nuevas relaciones laborales no normadas". En definitiva, la flexibilización, la imposición de relaciones laborales según las necesidades del mercado y la sustitución del contrato de trabajo por el acuerdo "libre" según el derecho mercantil son los ingredientes que están construyendo el nuevo mercado global de trabajo[55].

Los efectos de los programas de ajuste estructural sobre las mujeres a efectos de empleo no son los mismos en todas las regiones del mundo ni señalan siquiera una sola tendencia. Quizá, la única tendencia que se observa es que cada vez más mujeres acceden al mercado laboral mundial, aun con excepciones significativas. ¿Por qué los efectos de estas nuevas políticas económicas no son los mismos para todas las mujeres cuando la filosofía que las alienta es la misma? Se pueden observar muchos factores que intervienen en los resultados de la aplicación de estas políticas. Por supuesto, la estructura de oportunidades de cada sociedad, el grado de movilidad social, los niveles de desigualdad económica o la extensión de sus clases medias son elementos fundamentales a la hora de evaluar los resultados de las nuevas políticas económicas. Ahora bien, también hay que tener en cuenta si fueron sociedades colonizadas o sociedades que colonizaron. Además, las prácticas culturales exigidas a las mujeres, la sobrecarga de recursos y derechos que tienen los varones en cada sociedad, la articulación de la sociedad civil, la existencia de movimientos de mujeres y el movimiento feminista, el tipo de religión que gestiona lo espiritual en cada sociedad, entre otros, son factores que moldean los efectos de las nuevas políticas económicas capitalistas.

Se pueden señalar algunos ejemplos: la aplicación de las políticas neoliberales en los antiguos países socialistas del este de Europa tuvieron como efecto la expulsión de un gran segmento de mujeres del mercado laboral en la década de los noventa. Asimismo se ha reducido el empleo en Tailandia en la crisis económica del año 1997 o en Corea cuando se elevó el nivel tecnológico de la producción. Sin embargo, en Centroamérica ha aumentado la tasa de participación laboral de las mujeres, básicamente debido a su inserción masiva en la industria maquiladora.

En efecto, la globalización económica está haciendo crecer el empleo y el trabajo de las mujeres. En los países ricos, las mujeres se trasladan de la industria a los servicios y, en los países pobres, se trasladan del trabajo gratuito del hogar y de la agricultura de subsistencia a la economía monetaria[56]. Diversas investigaciones ponen de manifiesto los cambios que se están produciendo en la estructura del mercado laboral en todo el mundo, pues los procesos de producción de corte taylorista se están desplazando hacia las periferias de la economía mundial, generando allí nuevas estructuras laborales.

Los nuevos sistemas de producción flexible, consistentes en un cambio rápido de una línea de producción, se fabrican para el momento y apenas mantienen existencias mínimas de productos, requieren un nuevo perfil de trabajador o trabajadora. Deben ser personas flexibles, capaces de adaptarse a cambios rápidos, que estén dispuestas a trabajar en horas irregulares y a las que se puede despedir fácilmente. Este segmento del mercado laboral se está convirtiendo en una mano de obra heterogénea, flexible y temporal, trabajadores sin puestos fijos, mal pagados, con empleo a tiempo parcial, trabajadores a domicilio, trabajadores subcontratados por pequeñas empresas semiinformales que se encargarán de partes descentralizadas de los sectores dominantes, etc. En todos los países se tiende a la desregulación del mercado de trabajo, eliminando regulaciones e instituciones protectoras con la excusa de que constituyen barreras para la flexibilidad y la competitividad[57].

Las mujeres son las "pioneras de las formas flexibles de trabajo", pues "representan la mayoría de la mano de obra 'invisible' y, por ende, no registrado o insuficientemente registrada del 'sector informal'"[58]. Según la OIT, el trabajo informal que desempeñan las mujeres se aplica en la mayoría de los casos a asegurar la subsistencia de inmediato, y por ello pertenece a la economía de la pobreza[59]. Cuanto más descentralizada y artesanal es la realización del trabajo informal, más bajos son los salarios o las ganancias, menos reguladas están las condiciones laborales y más reducida es la organización gremial. La falta de protección está en el origen de la violencia y la coacción contra las mujeres si no se confirman las expectativas de los gerentes, que prefieren contratar a mujeres porque creen que son más dóciles y sumisas que los varones[60]. En general, las mujeres suelen ser trabajadoras eventuales, subcontratistas en el último eslabón de una cadena de producción y comercialización o empresarias unipersonales que disponen de un capital reducido. Trabajan en ámbitos de la producción o el comercio en los cuales sólo se pueden alcanzar márgenes escasos de beneficios[61].

Manuel Castells señala que la globalización es un proceso que está intensificando cada vez más la segregación del mercado laboral entre dos clases de trabajadores: los autoprogramables y los genéricos. La diferencia clave para distinguir a ambos es la educación, aunque advierte que no hay que confundir educación con cualificación profesional. En efecto, "quien posee educación, en el entorno organizativo apropiado, puede reprogramarse hacia las tareas en cambio constante del proceso de producción"[62]. Por el contrario, al trabajador genérico se le asigna una tarea determinada, sin capacidad de reprogramación, que no presupone la incorporación de información y conocimiento más allá de la capacidad de recibir y ejecutar señales. Se puede observar que, entre los trabajadores autoprogramables, la mayoría son varones y, entre los genéricos, la mayoría son mujeres.

El mercado mundial de trabajo muestra una creciente diferenciación entre una capa de trabajadores en su mayoría varones altamente cualificados y con ingresos altos y una "periferia" creciente en exceso representada por mujeres e inmigrantes con empleos no permanentes, subcontratados, bajo condiciones laborales precarias y con ingresos bajos e inestables. Los datos estadísticos reflejan un cambio en la composición de género en el mercado mundial de trabajo. En definitiva, en casi todas las regiones del mundo ha aumentado la participación de las mujeres en el mercado, pero las condiciones bajo las cuales acceden al mismo son crecientemente desfavorables.

Para entender este fenómeno social en toda su complejidad hay que tener en cuenta dos procesos de distinta clase: el primero de ellos señala que la educación y la formación tienen una influencia decisiva en la configuración del nuevo mercado de trabajo a la hora de distribuir a los trabajadores en función de su nivel educativo. La educación es una variable que conduce al espacio de los trabajadores autoprogramables, con más autonomía y más recursos. Y la falta de educación, por el contrario, empuja irremediablemente al ámbito laboral de los trabajadores genéricos. El hecho de que sólo el 1 por ciento de la propiedad mundial esté en manos de las mujeres y de que la tasa de analfabetismo femenina duplique a la masculina sienta las bases de esta desigual distribución del mercado laboral. Sin embargo, la educación no es la única lógica de segregación laboral, pues la formación cultural no nos convierte siempre en trabajadores autoprogramables. Los prejuicios y los estereotipos de género, además de la maternidad y otras características asociadas a la normatividad femenina, influyen sobre esa lógica distributiva. El mismo fenómeno se repite con los y las inmigrantes que llegan al tercio rico del mundo, a veces con niveles culturales muy por encima de los trabajos que desempeñan en los países de destino. El género, la etnia, la inmigración u otras variables determinan en muchas ocasiones el espacio del o de la trabajadora entre los autoprogramables o los genéricos por encima de la educación como la variable de segregación principal. Esta consideración avala la reflexión feminista de que el sistema de dominio capitalista no actúa de distribuidor de los distintos recursos en solitario, sino que consensúa con otros sistemas hegemónicos, y muy especialmente con el patriarcado, la distribución final de los recursos laborales.

Celia Amorós explica este proceso con una metáfora clarificadora: "Si al capitalismo patriarcal nos lo representamos como una tómbola, el capitalismo determinaría las reglas de la rifa, introduciendo en el bombo las bolas que representarían los puestos que en el mercado de trabajo va a 'necesitar': tantos a tiempo completo con salario fijo, tantos a tiempo parcial con o sin contrato temporal, tantos en el sector formal, tantos en el informal o en la economía sumergida, etc. Pero el capitalismo de suyo no controlaría el reparto de los boletos"[63]. Sería el patriarcado quien asignase los tipos de trabajos a varones y mujeres, pues, como dice Heidi Hartman, "el patriarcado no es simplemente una organización jerárquica, sino una jerarquía en la que *determinadas* personas ocupan *determinados* puestos"[64].

DE LA FEMINIZACIÓN DE LA POBREZA A LA 'FEMINIZACIÓN DE LA SUPERVIVENCIA'

El papel de las mujeres en la globalización económica es crucial por muchos motivos, pero quisiera señalar dos aspectos de los que he hablado a lo largo de este texto. El primero de ellos hace referencia al aumento del *trabajo invisible* de las mujeres. En efecto, y como señalábamos anteriormente, cada vez que el estado deja de asumir funciones relacionadas con las políticas sociales (y este es uno de los puntos esenciales de los programas de ajuste estructural), las mujeres sustituyen al estado y asumen esas tareas, casi siempre relacionadas con salud, nutrición, educación y cuidados. En un momento histórico como éste, con una crisis económica profunda y en el que se recortan las ayudas sociales en todos los países pobres y ricos, o en el mejor de los casos no se incrementan, es obvio que las mujeres trabajan más, pero en las mismas condiciones de invisibilidad de siempre. A todo esto hay que añadir que las aportaciones sociales del empresariado se están recortando directa o indirectamente en casi todos los países del mundo. El impuesto reproductivo que pagan las mujeres a los varones se está incrementando en la misma proporción en que se recortan las políticas sociales. Y estas políticas son esenciales para la supervivencia de grandes segmentos de población, sobre todo de aquellos que son más pobres.

En efecto, las mujeres tienen un "significativo papel sistémico" en la desregulación de los mercados formales de trabajo y también en el desplazamiento del trabajo de la economía formal a la informal. Cuando se recortan los servicios públicos, son estos servicios —en los países del Norte y en los del Sur— los que soportan la mayor carga del ajuste estructural impuesto por la globalización[65]. Mayoritariamente, son las mujeres y niñas del mundo, especialmente de los dos tercios pobres, las que llevan la carga más pesada de la globalización. Las mujeres y niñas pobres son quienes reciben el impacto más fuerte de las condiciones ambientales, de las guerras, del hambre, de la privatización de servicios y de la desregulación de los gobiernos, de la desintegración de los estados de bienestar, de la reestructuración del mercado de trabajo y del trabajo gratuito[66]. De ahí la necesidad imperiosa de que el feminismo se convierta en un actor social para denunciar las injusticias del capitalismo y del patriarcado global y para producir propuestas políticas a fin de acabar con ese macabro escenario.

El segundo aspecto hace referencia al *trabajo visible* de las mujeres. La entrada de considerables contingentes de mujeres al mercado global de trabajo en unas condiciones de sobreexplotación difíciles de imaginar en el tercio rico del mundo es una de las condiciones de posibilidad de la aplicación de las políticas económicas neoliberales. La importancia numérica de mujeres en las maquilas o zonas francas vinculadas al vestido y al montaje electrónico significa que hay sectores económicos ocupados mayoritariamente por mujeres.

Como muestra la bibliografía sobre desarrollo, hasta bien entrados los ochenta las mujeres subsidiaron el trabajo asalariado de los hombres a través de la producción doméstica y la agricultura de subsistencia, además de contribuir decisivamente a financiar el sector modernizado de la economía a través de la producción de subsistencia no pagada; pero con la internacionalización de la producción manufacturera se feminiza el proletariado y comienza a configurarse una mano de obra femenina desproporcionada respecto al pasado. Mujeres e inmigrantes emergen como el equivalente sistemático del proletariado, que, en este caso, se desarrolla fuera de los países de origen. La socióloga Saskia Sassen explica, a resultas de la globalización económica, el retorno de las llamadas "clases de servidumbre", compuestas en su mayoría por inmigrantes y mujeres migrantes[67].

El hecho innegable es que está creciendo el segmento de mujeres que se insertan en el mercado de trabajo global. Para Sassen, "la globalización ha producido otro conjunto de dinámicas en las cuales las mujeres están desempeñando un rol crítico"[68]. La tesis de esta autora es que se está feminizando la supervivencia. En efecto, la producción alimenticia de subsistencia, el trabajo informal, la emigración o la prostitución son actividades económicas que han adquirido una importancia mucho mayor como opciones de supervivencia para las mujeres. La participación de las mujeres está creciendo, tanto en los sectores económicos legales como en los ilegales. El tráfico ilegal de mujeres para la industria del sexo está aumentando como fuente de ingresos y las mujeres son el grupo de mayor importancia en los sectores de la prostitución y la industria del sexo. Sin embargo, no sólo los sectores ilegales y criminales ocupan a las mujeres, también los legales las usan en ocupaciones altamente reguladas, como el de la enfermería. Lo cierto es que las mujeres entran en el macronivel de las estrategias de desarrollo básicamente a través de la industria del sexo y del espectáculo y a través de las remesas de dinero que envían a sus países de origen. Ambas estrategias tienen un cierto grado de institucionalización de las que dependen cada vez más los gobiernos. La exportación de trabajadores y trabajadoras y las remesas de dinero son herramientas de los gobiernos para amortiguar el desempleo y la deuda externa[69].

La tesis de Sassen es que las actuales condiciones sistémicas con altos niveles de desempleo y pobreza, el recorte de los recursos del estado en lo relativo a los necesidades sociales y la quiebra de un gran número de empresas hacen posible la existencia de una serie de circuitos con un relativo grado de institucionalización por los que transitan sobre todo mujeres: "Estos circuitos pueden ser pensados como indicadores, siempre parciales, de la feminización de la supervivencia, dado que estas formas de sustento, de obtención de beneficios y de garantizar los ingresos gubernamentales se realizan, cada vez más, a costa de las mujeres"[70].

Lo cierto es que las inversiones de capital más intensivo y la tecnificación de los procesos de producción en la agricultura, en la industria y en la prestación de servicios han expulsado a las mujeres de los puestos formales de trabajo. Y por las mismas razones se reducen también las posibilidades de encontrar trabajo en la economía informal. Esta lógica, que se intensifica en tiempos de crisis económica como la que ha surgido en este momento histórico, contribuye a la caída de las mujeres en la pobreza. Y esta misma lógica las empuja "a las zonas peligrosas del sector informal: la industria del sexo y la esclavitud asalariada, que cobran mayor importancia como resultado de las corrientes migratorias transfronterizas"[71].

La globalización de las políticas económicas neoliberales, lejos de dejar un saldo positivo para las mujeres, significa mucho más trabajo gratuito y mucho más trabajo mal pagado; además, la lógica excluyente implícita en el nuevo capitalismo ha empobrecido más a los pobres, que en su mayoría son mujeres. Todos los datos avalan empíricamente la idea largamente sostenida por el feminismo de la feminización de la pobreza. Las mujeres y las niñas siguen siendo el 70 por ciento de la población pobre del mundo, constituyen la mayoría de los refugiados y forman casi el 80 por ciento de las personas desplazadas de los países pobres; las mujeres realizan dos terceras partes del trabajo del mundo y reciben menos de la décima parte de sus beneficios[72]. Además son las más afectadas por las consecuencias de la guerra, la violencia patriarcal y la persecución religiosa.

La globalización, en su versión económica y neoliberal, es un proceso que está ahondando cada vez más la brecha que separa a los ricos de los pobres y está llevando al límite la lógica del beneficio por encima de cualquier proyecto ético y político de desarrollo humano. En este contexto de ganadores y perdedores, las mujeres no se encuentran entre los ganadores porque su inserción en la nueva economía se realiza en un terreno marcado por la desigualdad de género. El nuevo capitalismo del siglo XXI está renovando el pacto interclasista con el patriarcado a partir de unos nuevos términos. Está eliminando una parte de las cláusulas, pero está dejando intacta la médula de ese pacto que se traduce en subordinación a los varones y explotación capitalista y patriarcal. Desaparece paulatinamente la figura del varón como proveedor económico de la familia y aparece una nueva figura, la "proveedora frustrada", tal y como argumentan Heidi Hartman y Celia Amorós. Esta mujer que se inserta en el mercado de trabajo global se ve atrapada en una jornada interminable —tomo la expresión de Ángeles Durán— a causa del aumento del trabajo gratuito e invisible del hogar[73], y ahora, además, accede al mercado de trabajo como trabajadora "genérica". Manuel Castells subraya que "el predecible ascenso del hombre del organigrama ha sido sustituido actualmente por el de la mujer flexible"[74]. Las trabajadoras "genéricas" son el modelo ideal para la nueva economía neoliberal: son flexibles e intercambiables. Si utilizásemos el concepto de Celia Amorós, diríamos que el modelo de trabajadoras "genéricas" (flexible, con capacidad de adaptación a horarios y a distintas tareas, que pueda sustituir a otra que no acepte las condiciones de sobreexplotación...) es la nueva definición de las "idénticas", aquellas que no gozan del derecho a la individuación y que aparecen como indiscernibles en la maquila, en otros procesos tayloristas o en la prostitución: "No hay mejores trabajadores de quita y pon que aquéllos cuyo trabajo se ha concebido siempre como interino, permanentemente sustituible: las mujeres entran y salen del mercado laboral, de forma reversible, de acuerdo con diferentes fases de su ciclo vital"[75]. Dos sistemas hegemónicos globales —patriarcado y capitalismo neoliberal— han pactado nuevos y más amplios espacios de trabajo para las mujeres, que se concretan en la renovación de la subordinación a los varones y en nuevos ámbitos de explotación económica y doméstica.

Ahora bien, ningún sistema de dominación es perfecto ni todos los procesos son controlables. Recurramos otra vez a Weber para recordar su análisis sobre los efectos no deseados de las acciones intencionadas. Diversas investigaciones han puesto de manifiesto algunos efectos no deseados ni por la nueva economía capitalista ni por el sistema de dominio patriarcal. Estos efectos están asociados a las migraciones femeninas y a la inserción de las mujeres en el nuevo mercado de trabajo. En efecto, algunos análisis feministas sostienen que la migración internacional altera positivamente los patrones de género, pues la formación de unidades domésticas transnacionales pueden otorgar poder a las mujeres. Y es que el trabajo remunerado presumiblemente reforzará la autonomía de las mujeres frente a quienes eran los tradicionales proveedores económicos de la familia[76].

Todos estos hechos muestran la necesidad de que el feminismo construya un discurso crítico a la globalización económica. En otros términos, ninguna agenda feminista, local o global, puede sustraerse a los efectos devastadores que las actuales políticas económicas capitalistas tienen sobre las mujeres. Y por eso el feminismo debe retomar como un aspecto central de su agenda política la crítica al nuevo capitalismo. Los datos apuntan la necesidad de que los argumentos feministas tengan un espacio relevante en los movimientos antiglobalización, hasta el punto de que las alternativas que se formulen al neoliberalismo tengan como uno de sus ejes centrales la desigualdad de género. Esto requiere que el feminismo se articule críticamente contra la feminización de la exclusión social y contra la feminización de la supervivencia que se concreta en las "nuevas clases de servidumbre", pues si se construyen alternativas creíbles a la globalización neoliberal y el feminismo está ausente de su formulación y de su defensa política, después no podrá reclamar un lugar no subordinado en el nuevo mundo, que *sí* es posible.

NOTAS

1. Saskia Sassen: *Una sociología de la globalización*, Katz editores, Buenos Aires, 2007, p. 24.

2. Nancy Armstrong: *Deseo y ficción doméstica*, Cátedra, col. Feminismos, Madrid, 1991, p. 91.
3. Fernando Quesada: "Apuesta por un tercer imaginario", en *Revista Internacional de Filosofía Política* (Madrid/México), nº 35, 2010, pp. 96-116.
4. Carole Pateman: *El contrato sexual*, Anthropos, Madrid, 1995.
5. Chandra Talpade Mohanty: "De vuelta a 'Bajo los ojos de Occidente': la solidaridad feminista a través de las luchas anticapitalistas", en Liliana Suárez Navaz y Rosalva Aída Hernández (eds.): *Descolonizando el feminismo. Teorías y prácticas desde los márgenes*, Cátedra, col. Feminismos, Madrid, 2008, p. 423.
6. Francis Fukuyama: "¿El fin de la historia?", en *Claves de la Razón Práctica*, nº 1, Madrid, 1990, pp. 85-96.
7. Saskia Sassen: *Una sociología de la globalización*, *op. cit.*, p. 48.
8. Saskia Sassen: *Una sociología de la globalización*, *op. cit.*, p. 19.
9. Fernando Quesada: "Apuesta por un tercer imaginario", *op. cit.*, pp. 96-116.
10. Chandra Talpade Mohanty: "De vuelta a 'Bajo los ojos de Occidente': la solidaridad feminista a través de las luchas anticapitalistas", *op. cit.*, p. 442.
11. Saskia Sassen: *Una sociología de la globalización*, *op. cit.*, p. 43.
12. Vicenç Navarro: "Globalización y mujer", en VV. AA.: *Globalización y mujer*, Ed. Pablo Iglesias, Madrid, 2002, p. 153.
13. Saskia Sassen: *Una sociología de la globalización*, *op. cit.*, p. 53.
14. Vicenç Navarro: "Globalización y mujer", *op. cit.*, p. 155.
15. Chandra Talpade Mohanty: *op. cit.*, p. 458.
16. Carles Casals: *Globalización*, Ed. Intermón Oxfam, Barcelona, 2001, p. 22.
17. Cecilia Castaño: "Trabajo para las mujeres en un mundo globalizado", en VV. AA.: *Mujer y globalización*, *op. cit.*, p. 34.
18. Manuel Castells: *La era de la información*, vol. III. Véase "Conclusión: entender nuestro mundo", Madrid, Alianza, 1999, pp. 369-393.
19. Lourdes Benería: "Mercados globales, género y el hombre de Davos", en Cristina Carrasco: *Mujeres y economía*, Icaria, Barcelona, 1999, p. 400.
20. Lourdes Benería: "Mercado globales, género y el hombre de Davos", *op. cit.*, p. 408.
21. Manuel Castells: *La era de la información*, vol. III, *op. cit.*, pp. 369-393. Véase "Conclusión: entender nuestro mundo".
22. Saskia Sassen: *Una sociología de la globalización*, *op. cit.*, p. 51.
23. Saskia Sassen: *Una sociología de la globalización*, *op. cit.*, p. 35.
24. Saskia Sassen: *Una sociología de la globalización*, *op. cit.*, p. 47.
25. Saskia Sassen: *Una sociología de la globalización*, *op. cit.*, p. 25.
26. Saskia Sassen: *Una sociología de la globalización*, *op. cit.*, p. 267.
27. Saskia Sassen: *Una sociología de la globalización*, *op. cit.*, p. 275.
28. Peter L. Berger: *El dosel sagrado. Para una teoría sociológica de la religión*, Kairós, Barcelona, 1971.
29. Manuel Castells: "Epílogo", en Pekka Himanen: *La ética del hacker y el espíritu de la era de la información*, Destino, Barcelona, 2001, p. 169.
30. Manuel Castells: "Epílogo", *op. cit.*, pp. 171-180.
31. Manuel Castells: "Epílogo", *op. cit.*, p. 181.
32. Celia Amorós: *Tiempo de feminismo. Sobre feminismo, proyecto ilustrado y postmodernidad*, Cátedra, col. Feminismos, Madrid, 1997. Véase el capítulo primero: "Por un sujeto verosímil", pp. 19-107.
33. Lourdes Benería: *op. cit.*, p. 410.
34. Carles Casals: *Globalización*, *op. cit.*, p. 4.
35. Chandra Talpade Mohanty: *op. cit.*, p. 455.
36. Lourdes Benería: *op. cit.*, p. 409.
37. Saskia Sassen: *Contrageografías de la globalización. Género y ciudadanía en los circuitos transfronterizos*, Ed. Traficantes de sueños, Madrid, 2003, p. 52.

38. Isel Rivero: "Globalización, desigualdad y mujer", en VV. AA.: *Mujer y globalización*, *op. cit.*, p. 14.
39. Saskia Sassen: *Contrageografías de la globalización*, *op. cit.*, p. 55.
40. Saskia Sassen: *Contrageografías de la globalización*, *op. cit.*, pp. 42-43.
41. Amartya Sen: "Faltan cien millones de mujeres", en *La mujer ausente. Derechos humanos en el mundo*, ISIS Internacional 15: 96-108, 1991 y 1996, Santiago de Chile.
42. Isabella Bakker: "Dotar de género a la reforma de la política macroeconómica en la era de la reestructuración y el ajuste global", en Cristina Carrasco: *Mujeres y economía*, *op. cit.*, p. 245. Icaria, Barcelona, 1999.
43. Nancy Fraser y Linda Gordon: "Una genealogía de la 'dependencia'. Rastreando una palabra clave del Estado benefactor en los Estados Unidos", en Nancy Fraser: *Iustitia Interrupta*, Siglo del Hombre Editores, Bogotá, 1997, pp. 163-200.
44. Ingrid Palmer: "Gender Equity and Economic Efficiency in Adjustment of Programmes", en H. Afshar y C. Dennis (eds.): *Women and Adjustment in the Third World*, Macmillan, Basingstoke, 1992, p. 79 y ss. Véase también de Cristina Carrasco y otras: *Malabaristas de la vida*, Icaria, Barcelona, 2003.
45. Anna G. Jónasdóttir: *El poder del amor. ¿Le importa el sexo a la democracia?*, Cátedra, col. Feminismos, Madrid, 1993, p. 128.
46. Isabella Bakker: "Dotar de género a la reforma de la política macroeconómica en la era de la reestructuración y el ajuste global", *op. cit.*, p. 263.
47. Isabella Bakker: *op. cit.*, p. 264.
48. Isabella Bakker: *op. cit.*, pp. 256-260.
49. Isel Rivero: "Globalización, desigualdad y mujer", *op. cit.*, p. 14.
50. Isabella Bakker: *op. cit.*, pp. 267-268.
51. Thera van Osch: "Aspectos de género en el proceso de globalización", en Thera van Osch (ed.): *Nuevos enfoques económicos. Contribuciones al debate sobre Género y Economía*, UNAH/POSCAE, San José (Costa Rica), 1996, p. 19.
52. Saskia Sassen: *Una sociología de la globalización*, *op. cit.*, p. 74.
53. Saskia Sassen: *Una sociología de la globalización*, *op. cit.*, p. 83.
54. Isabella Bakker: *op. cit.*, p. 246.
55. Elmar Altvater y Birgit Mahnkopf: *La globalización de la inseguridad. Trabajo en negro, dinero sucio y política informal*, Paidós, Buenos Aires, 2008, p. 107.
56. Cecilia Castaño: *op. cit.*, p. 37.
57. Cecilia Castaño: *op. cit.*, p. 38.
58. Elmar Altvater y Birgit Mahnkopf: *La globalización de la inseguridad. Trabajo en negro, dinero sucio y política informal*, *op. cit.*, p. 115.
59. Elmar Altvater y Birgit Mahnkopf: *op. cit.*, p. 117.
60. Elmar Altvater y Birgit Mahnkopf: *op. cit.*, p. 121.
61. Elmar Altvater y Birgit Mahnkopf: *op. cit.*, p. 117.
62. Manuel Castells: *La era de la información. Fin de milenio*, *op. cit.*, p. 375.
63. Celia Amorós: *Mujeres e imaginarios de la globalización. Reflexiones para una agenda teórica global del feminismo*, Homo Sapiens, Rosario, 2008, p. 38.
64. Heidi Hartman, citado en Celia Amorós: *Mujeres e imaginarios de la globalización*, *op. cit.*, p. 39.
65. Elmar Altvater y Birgit Mahnkopf: *op. cit.*, *op. cit.*, p. 125.
66. Chandra Talpade Mohanty: *op. cit.*, p. 430.
67. Saskia Sassen: *Contrageografías de la globalización*, *op. cit.*, p. 80.
68. Saskia Sassen: *Contrageografías de la globalización*, *op. cit.*, p. 46.
69. Saskia Sassen: *Contrageografías de la globalización*, *op. cit.*, p. 61.
70. Saskia Sassen: *Contrageografías de la globalización*, *op. cit.*, p. 44.
71. Elmar Altvater y Birgit Mahnkopf, *op. cit.*, p. 122.

72. Chandra Talpade Mohanty: *op. cit.*, p. 430.
73. María Ángeles Durán: *El valor del tiempo. ¿Cuántas horas te faltan al día?*, Espasa hoy, Madrid, 2007.
74. Manuel Castells: "Epílogo", en Pekka Himanen, *op. cit.*, p. 185.
75. Celia Amorós: OJO: ¿Qué pueda sustituir a otra que no acepte las condiciones de sobreexplotación?
76. Saskia Sassen: *Contrageografías de la globalización*, *op. cit.*, p. 48; Cecilia Castaño, *op. cit.*, p. 46.

CAPÍTULO 4
NUEVAS FORMAS DE VIOLENCIA PATRIARCAL

Los análisis sobre el surgimiento de nuevas formas de violencia contra las mujeres han de hacerse a partir del supuesto de un escenario mundial de desorden: desorden geopolítico y desorden internacional, desorden económico y desorden político. Las antiguas instituciones que articulaban la sociedad moderna están en crisis, desde el estado-nación hasta la familia patriarcal, desde el capitalismo hasta las democracias representativas, entre otras muchas. Algunas de ellas están en franca descomposición y otras en abierta transformación, pero en todo caso, ninguna permanece inmutable. En estas últimas cuatro décadas se han producido cambios en el entramado social, institucional y simbólico de muchas sociedades y estos cambios se han concretado en quiebras profundas en los dos grandes *nomos* que vertebraban las sociedades de la Modernidad: el contrato sexual y el contrato social.

La actual situación de "desorden" tiene atrapadas a las mujeres entre unas reglas que se están deshaciendo y otras reglas nuevas que están surgiendo, pero que no han terminado de configurarse. Y los momentos de desorden suelen crear formas de violencia nuevas para aquellos grupos, colectivos o sectores de población oprimidos. El feminicidio en Guatemala y

Ciudad Juárez, las agresiones sexuales de las maras o pandillas en América Latina, y particularmente en Centroamérica, o la eliminación prenatal de las niñas en una gran parte de Asia, por ejemplo, están relacionados con este escenario mundial, que está deshaciéndose de las viejas reglas que normaban el mundo y aún no se han construido otras nuevas.

Por otra parte, no hay que olvidar que en las épocas históricas con fuertes desórdenes sociales y normativos se suelen generar unas dinámicas perversas para los sectores sociales más vulnerables. Y las mujeres son, sin duda, un sector de población especialmente marcado por la subordinación y la explotación. El 70 por ciento de los pobres del mundo son mujeres, según datos de Naciones Unidas[1]. Ahora bien, este fenómeno social tampoco puede silenciar que vivimos un momento histórico abierto y de transición que, sin duda, abre posibilidades a las mujeres y a otros grupos oprimidos en la lucha por ampliar sus derechos y en la vindicación de nuevos ámbitos de igualdad y libertad. La historia no está escrita y las sociedades son realidades dinámicas y cambiantes, resultado de procesos en los que intervienen distintas variables, una de las cuales, sin duda, es la voluntad colectiva de individuos y grupos que tienen aspiraciones de cambio social o son portadores de proyectos políticos alternativos.

CONSIDERACIONES SOBRE LA VIOLENCIA DE GÉNERO

Antes de analizar algunas causas de este desorden es importante realizar ciertas consideraciones previas que nos permitan situar este problema en las coordenadas teóricas y políticas adecuadas. En la investigación de la violencia contra las mujeres es preciso hacer preguntas específicamente feministas. Por supuesto que la violencia de género puede ser analizada —y de hecho lo es—, desde marcos interpretativos distintos e incluso opuestos al feminismo. De hecho, en los últimos años se subraya desde estos análisis que las mujeres asesinadas o agredidas son irrelevantes cuantitativamente en relación a los varones que son asesinados o agredidos. Sin embargo, el feminismo hace una pregunta que no está presente en otros marcos interpretativos: ¿por qué la mayoría de las mujeres son asesinadas por varones y es casi inexistente el número de mujeres que asesinan a varones? Dicho en otros términos: ¿por qué las mujeres no matan a los hombres ni en el contexto familiar, ni de pareja, ni tampoco les acosan sexualmente en los trabajos, ni los violan, ni abusan sexualmente de ellos cuando son niños o adolescentes ni tampoco se organizan en grupos para ejercer nuevas formas de violencia contra un varón al que no conocen?[2]

En este capítulo se argumenta que en los últimos años están surgiendo en diversas partes del mundo nuevas formas de violencia extrema contra las mujeres. Ahora bien, esto no quiere decir que la forma más extendida y conocida de violencia esté desapareciendo. En efecto, el asesinato o el acto de violencia que ejerce un varón concreto sobre una mujer concreta con la que ha tenido o tiene una relación sentimental o aspira a tenerla ha sido, y sigue siendo, el prototipo de agresión patriarcal. Los malos tratos físicos y psicológicos, la violación conyugal o el abuso sexual a las hijas o a niñas del entorno son fenómenos mucho más usuales y frecuentes de lo que se cree[3]. Al agresor le resulta inaceptable la pérdida de control de las mujeres que él considera de su exclusiva propiedad. La primera parte del contrato sexual, aquélla en la que los varones pactan la propiedad de una mujer para cada varón, está experimentando una crisis de legitimación profunda y empíricamente contrastable. La dimensión más microsocial del contrato sexual está modificándose en amplias zonas del mundo. No se está desmantelando por completo el contrato sexual, pero se están debilitando los vínculos jerárquicos entre hombres y mujeres en el contexto del matrimonio y de las relaciones familiares y de pareja. Los fundamentalismos religiosos —el cristiano, el hinduista o el islámico— parecen responder reactivamente a este debilitamiento jerárquico[4].

La legalización del aborto, el reconocimiento social y jurídico de las relaciones homosexuales y la crisis que está experimentando la familia patriarcal han servido al pensamiento masculino más conservador para rearmarse ideológicamente. Sin embargo, el rechazo al aborto produce malestar en el pensamiento conservador y patriarcal de tradición cristiana. El caso de América Latina es un exponente claro de la alianza entre el catolicismo y las clases políticas, tanto conservadoras como progresistas. A excepción de Puerto Rico, Cuba y el DF de México, el aborto está prohibido en todos los países latinoamericanos. En Asia, sin embargo, el aborto es una política patriarcal que impide el nacimiento de niñas. La consecuencia es una brecha demográfica entre hombres y mujeres, que hace de estas últimas una mercancía necesaria no sólo para la supervivencia de miles de pequeñas comunidades, sino también para la satisfacción de la sexualidad masculina. En todo caso, como prohibición o como obligación, el aborto es parte esencial de la política sexual del patriarcado. Y es que los derechos sexuales y reproductivos son un elemento central de las "afiliaciones horizontales"[5] y, como señala Silvia Levin, son una asignatura pendiente de las democracias en América Latina[6].

Ahora bien, junto a estos fenómenos de violencia patriarcal, en distintas partes del mundo muchas mujeres están consiguiendo más libertad y autonomía de la que tenían. La familia patriarcal, asentada sobre el dominio masculino y la subordinación femenina, está en crisis porque las mujeres han luchado por conseguir derechos que han alterado la jerarquía genérica sobre la que se cimentaba ese modelo de familia. El resultado de ese cambio en la correlación de fuerzas en el seno de la familia es uno de los elementos que está desestabilizando el contrato sexual.

Ahora bien, las agresiones patriarcales no están sólo legitimadas por los sectores más conservadores de la sociedad. Estas agresiones se cimentan en la complicidad instalada en zonas significativas del imaginario simbólico patriarcal que comparten sectores amplios de la sociedad. De hecho, el contrato sexual es el núcleo constituyente y fundacional del centro simbólico patriarcal. La cultura masculina de desprecio a las mujeres es la que hace posible que se las asesine en lugar de a varones pobres, indígenas o inmigrantes. Kate Millett lo explicaba en el año 1969, en *Política sexual*, con lucidez y contundencia: "No estamos acostumbrados a asociar el patriarcado con la fuerza. Su sistema socializador es tan perfecto, la aceptación general de sus valores tan firmes y su historia en la sociedad humana tan larga y universal, que apenas necesita el respaldo de la violencia... Y, sin embargo, al igual que otras ideologías dominantes, como el racismo y el colonialismo, la sociedad patriarcal ejercería un control insuficiente, e incluso ineficaz, de no contar con el apoyo de la fuerza, que no sólo constituye una medida de excepcionalidad, sino también un instrumento de intimidación constante"[7]. El componente misógino y el arraigo del discurso de la inferioridad de las mujeres en el imaginario colectivo es lo que hace posible que se acepten formas extremas de violencia de género utilizando una gran variedad de excusas que acaban invariablemente estigmatizando a las propias mujeres víctimas de la violencia. Estamos viviendo un proceso de renaturalización de las mujeres, en el que la ontología femenina aparece como instancia de legitimación en la creación de un discurso misógino y antifeminista y en la producción de prácticas violentas contra las mujeres.

Lo específicamente nuevo es que, junto a estas frecuentes agresiones, están surgiendo otras formas de violencia de género en las que aparecen nuevas variables. La principal de todas ellas es que se asesina a mujeres por el simple hecho de serlo y sin tener una relación con el asesino o el agresor. La condición de posibilidad de estas nuevas agresiones es que se sea mujer. Por decirlo con otras palabras: en estas nuevas formas de violencia contra las mujeres —de las que hablaremos a lo largo de este capítulo— no se juega sólo la propiedad de la mujer "propia", sino la de las mujeres como genérico propiedad de los varones. De hecho, Julia Monárrez explica lo que ella denomina el "feminicidio sexual sistémico" como "una política de reinserción de las jerarquías y desigualdades sociales del patriarcado contra las mujeres en general"[8]. Se trata de que las mujeres acepten que su vida no puede desarrollarse pacíficamente fuera de la familia y sin un varón y para ello deben sentir la necesidad de volver a la vida tradicional y a la protección masculina. La violencia es una herramienta fundamental en la vuelta de las mujeres al hogar patriarcal. Y, sin embargo, esa vuelta atrás cada vez es más inviable debido a los cambios sociales y económicos que están sucediendo desde hace treinta años.

Por tanto, ya no se dirime sólo el control y la propiedad de la mujer asesinada por parte de su presunto "propietario" y agresor. Ahora lo que se dirime es el control de las mujeres por parte de un sector de varones que asumen activamente que las mujeres deben tener un estatuto de objeto en lugar de uno de sujeto. Los actos de violencia extrema, como el feminicidio en México y Centroamérica, las redes globales de venta de mujeres o la obligación de interrumpir los embarazos de niñas en Asia manifiestan la voluntad de control y propiedad sobre las mujeres al aparecer realidades sociales estables que cuestionan su estatuto de objetos. Lo más significativo de esa forma de violencia es que un varón desconocido para la víctima asesina a una mujer a la que no conoce y con quien no media ninguna relación. Se ha despersonalizado el asesinato tanto respecto a las víctimas como respecto a sus asesinos. La idea que quisiera destacar es que se están modificando las respuestas de violencia patriarcal en la misma medida en que está siendo cuestionado el contrato sexual.

En términos generales, puede decirse que la violencia patriarcal tiene muchos rostros, desde aquellos que suceden puertas adentro hasta homicidios en serie contra mujeres. Sin embargo, hay que tener en consideración que los asesinatos de mujeres en sus formas más violentas suelen germinar con más facilidad en países y regiones del mundo en los que existe una cultura de no respeto a la vida y con tradición de resolución no pacífica de sus conflictos. En el caso de Centroamérica —y Guatemala es un país paradigmático en la violencia patriarcal—, estudiosas del feminicidio[9] vinculan el genocidio que se libró en una guerra que tuvo lugar durante 36 años, y en la que fueron asesinados miles de indígenas, con la violencia contra las mujeres de estos últimos años. En el caso de México —Ciudad Juárez y otras ciudades mexicanas—, la extensión de la economía criminal —sobre todo el narcotráfico—[10] es un factor fundamental de producción de violencia y de la implantación en estas sociedades de una cultura de desprecio a la vida. Sin embargo, la economía criminal, ligada a mafias del narcotráfico y del tráfico de personas, no asola en exclusivo a México, sino a buena parte de América Latina y de otras regiones del mundo. Por lo tanto, la pregunta que debemos seguir haciéndonos es por qué son asesinadas mujeres por hombres sin aparentes "razones" y por qué estas muertes, tal y como señalan Segato y Amorós, son producto de una violencia más *aparentemente* [la cursiva es mía] expresiva que instrumental.

Las nuevas formas de violencia se están extendiendo siguiendo unos patrones nuevos que coexisten con los antiguos. En efecto, las formas tradicionales de violencia patriarcal, es decir, los asesinatos de mujeres por parte de sus parejas o ex parejas, siguen su recorrido y, por lo menos en España, no han disminuido.

Sin embargo, es necesario subrayar que en este libro no se argumenta que las nuevas formas de violencia patriarcal estén vinculadas a la ontología masculina. La violencia no forma parte inherente de ninguna esencia de "lo masculino", entre otras razones porque no parece aceptable ni tampoco "empíricamente" demostrable la tesis de que hombres y mujeres seamos esencialmente diferentes. Es muy difícil llegar a conclusiones incuestionables sobre diferencias inherentes a la condición masculina y femenina, pero relativamente fácil investigar sobre la desigualdad. Se puede afirmar que la diferencia existe, pero es cultural y socialmente construida. La tesis de las diferencias irreductibles e insalvables entre los sexos no es empíricamente demostrable. Sin embargo, la desigualdad se puede mostrar y verificar empíricamente. Y desde este punto de vista, la violencia está ligada a la construcción jerarquizada de los géneros y al sistema social en que se inscribe esa relación social asimétrica y basada en la dominación. Dicho de otra forma: el problema a resolver no es la diferencia, sino la desigualdad. De esta posición se deriva que la violencia es inherente a las relaciones de dominación y subordinación. Amelia Valcárcel lo explica muy bien cuando dice que lo "que importa para entender la violencia masculina es este colocar a las mujeres bajo el poder real y simbólico de los varones"[11].

No obstante, las formas de violencia patriarcal que han existido históricamente y las nuevas que están apareciendo en esta época de intensos y acelerados cambios sociales no puede explicarse sólo a partir de la idea de que el patriarcado —como sistema social en el que se desarrolla la dominación masculina— produce violencia contra las mujeres. Ésta es la causa primera, pero no explica ni da cuenta de estas nuevas formas de violencia extrema. Por eso es imprescindible identificar los procesos y relaciones sociales que se están gestando desde hace algunos años y que actúan como caldo de cultivo en el que se despliegan estas formas intolerables y crueles de violencia de género.

En efecto, es necesario poner de relieve que este análisis estaría sesgado y no reflejaría la realidad si aislamos este sistema de dominación de otras variables de desigualdad y opresión, pues ciertas formas de violencia adquieren rasgos específicos en función de los contextos culturales, raciales o de clase en que tienen lugar. Con esto quiero decir que estas formas de violencia se desarrollan en contextos marcados por la pobreza: México, Guatemala, Honduras o El Salvador, países en los que se han aplicado brutales políticas neoliberales, con historias de conflictos no resueltos a través del consenso o con economías criminales muy asentadas en determinadas zonas geográficas. O en países con tradiciones culturales patriarcales y frecuentemente misóginas en las que las mujeres no alcanzan el estatuto de individuos y son consideradas casi en exclusiva reproductoras biológicas y trabajadoras gratuitas: India, China, Pakistán, Bangladesh y numerosos países africanos como Senegal o Burkina Faso están entre los ejemplos. Y, sobre todo, en sociedades con estados muy debilitados que han dejado de ejercer algunas de sus funciones históricas e inherentes; estados que han abdicado del monopolio de la violencia y consiguientemente han dejado de proteger a sus miembros, propiciando así la emergencia de las mafias y las guardias de seguridad privada. O en países europeos con comunidades de inmigrantes que aspiran a sus propios derechos colectivos y debilitan con sus reivindicaciones el estado. Esto sucede cuando los varones de ciertas comunidades de inmigrantes luchan por tener su propia legislación en lo referente a la familia y a los derechos de las mujeres. O en otras regiones del mundo en las que en nombre de la cultura se siguen manteniendo costumbres y tradiciones que erosionan los derechos humanos de las mujeres.

PRECISIONES METODOLÓGICAS EN TORNO AL PATRIARCADO

El punto de partida de la hipótesis que desarrollaré aquí es que todas estas manifestaciones de violencia contra las mujeres, a pesar de tener motivaciones contextuales y culturales específicas en cada caso, brotan de la misma fuente. Y la fuente está en el centro mismo de esa macroestructura de dominio masculino que denominamos patriarcado. Con su lucidez habitual, Millett señala "que la fuerza es un componente colectivo de la mayoría de los patriarcados contemporáneos"[12]. El punto de arranque de la investigación sobre nuevas formas de violencia patriarcal se encuentra entre dos muros imposibles de sortear. El primero es que ninguna forma de violencia contra las mujeres está desvinculada del sistema de dominio masculino. La violencia de género no es un fenómeno natural ni azaroso o ajeno a la dominación masculina sino que, por el contrario, es indispensable para la producción y reproducción de ese sistema: "Un sistema de poder no cursa sin violencia, y el patriarcado es un grande y vigente sistema de poder"[13].

Nos encontramos, asimismo, con un segundo muro imposible de saltar y es que ese hecho no debe oscurecer la realidad de las distintas formas de violencia y la pluralidad y especificidad de parte de sus causas. Es necesario explicar la complejidad de las nuevas formas de violencia, más allá de ser consideradas un producto obvio del sistema de dominio patriarcal y del hecho de que la violencia es constitutiva a todo sistema de dominación. Para precisar más hay que explicar que determinadas formas de violencia de género surgen asociadas a las quiebras del contrato sexual y del contrato social y a los fenómenos asociados a estos dos hechos. En efecto, el debilitamiento de los estados, los nuevos caminos que está tomando la nueva y vieja economía capitalista, el surgimiento de la economía criminal, el creciente protagonismo social de las mujeres más la violencia adicional que se produce en los momentos de fuertes cambios sociales —además de otros hechos sociales contextuales— están en la base del aumento de la violencia patriarcal.

Si desde el feminismo queremos entender el nuevo mundo que se está gestando, es necesario investigar cómo se reproducen, se redefinen y se crean nuevas formas de violencia de género. Para ello es indispensable dotarse de variables como la cultura, la raza o el dominio económico capitalista, entre otros muchos. La razón es que los patriarcados contemporáneos existen formando aleaciones con otros sistemas de poder. La violación colectiva, el feminicidio, las redes de venta de mujeres, la compra de novias, la poliandria, la maquila, la selección prenatal de niñas, la violencia vinculada a la dote o la desfiguración del rostro con vitriolo, entre otras múltiples formas de violencia de género, nos muestran la creciente globalización de la violencia sobre las mujeres. Para decirlo con otras palabras: es necesario historizar y sociologizar las variadas formas de violencia contra las mujeres a efectos de construir tipos penales y de poner en funcionamiento políticas públicas.

Dicho de otro modo: hay que combatir lo que Rita Segato denomina la *voluntad de indistinción*[14] que uniformiza diferentes manifestaciones de la violencia masculina y que actúa como una cortina de humo "que impide ver claro un núcleo central que presenta características particulares y semejantes". El problema al que nos enfrentamos es la configuración de determinados procesos económicos, sociales y culturales que están actuando como caldo de cultivo en la aparición de nuevas formas de violencia contra las mujeres. Estos procesos están facilitando la modificación de una gran parte de las violencias que existían anteriormente, a la vez que dejan otras intactas, de modo que la suma de todas ellas se traduce en un aumento de la violencia patriarcal. Ahora bien: ¿cómo dar cuenta del crecimiento global de la violencia de género y, al tiempo, identificar procesos sociales concretos que facilitan la aparición de nuevas formas de violencia contra las mujeres? ¿Cómo combatir esa "voluntad de indistinción" que oscurece lo que hay debajo de cada tipo de violencia patriarcal?

Las nuevas formas de violencia forman parte de una amplia respuesta reactiva y misógina que se está extendiendo como la pólvora por el mundo. Y tener claves interpretativas para desvelar este hecho significa que quizá tengamos que crear nuevas estrategias para hacer frente al dominio masculino. Dicho en otros términos, las feministas necesitamos reelaborar las estrategias en función de los nuevos fenómenos sociales que se producen en las sociedades patriarcales. Razones intelectuales, políticas y estratégicas deben conducirnos por la senda de los matices y de la distinción. En primer lugar, es necesario analizar las distintas formas de violencia como comportamientos inherentes de la práctica de dominación, pues la violencia contra las mujeres actúa como una "ley de excepción" del patriarcado para contener las luchas y los avances de las mujeres; en segundo lugar, es indispensable identificar cada forma específica de violencia para, a partir de ese análisis, fabricar políticas públicas de igualdad de carácter preventivo y formular tipos penales con el objetivo de desactivar eficazmente los distintos tipos de agresiones; en tercer lugar, es preciso conocer los elementos claves del contradiscurso feminista para así neutralizar discursiva y políticamente esas reacciones patriarcales.

El caldo de cultivo en el que germinan estas nuevas y antiguas violencias es una atmósfera ideológica y una realidad social completamente surcada de obstáculos y resistencias a los derechos de las mujeres. El retroceso en las políticas institucionales de igualdad de género que se habían comenzado a aplicar hace algunos años en diversas regiones del mundo, la resistencia y deslegitimación de las investigaciones feministas en la universidad o el fortalecimiento de otros planteamientos ideológicos con sus consiguientes movimientos reactivos frente a los conquistados derechos de las mujeres son datos esclarecedores en este proceso de reacción patriarcal. Este conjunto de hechos ha puesto a las mujeres en casi todo el mundo a la defensiva. La mayoría de nuestras luchas no son para conseguir nuevos recursos y derechos, sino para evitar perder los obtenidos durante largos años.

En efecto, se puede detectar una especie de *resistencia pacífica* que tiene muchas modalidades, desde la colonización del imaginario colectivo —volviendo a introducir en el centro simbólico de la sociedad la idea de la diferencia entre hombres y mujeres con el objetivo de camuflar la rotundidad de la desigualdad de género— hasta la *resistencia técnica*, que se expresa de maneras distintas: "esta política de igualdad no es viable", "esta investigación no es suficientemente objetiva", "la violencia de género es una minucia en comparación con otras variedades de violencia", "la prostitución no es la mejor forma de ganarse la vida, pero ya que existe es mejor reglamentarla para mejorar la vida de las mujeres que ejercen la prostitución", "el concepto de género añade confusión en lugar de claridad, pues el problema de verdad es el del sexo"... La respuesta patriarcal oscila entre el resentimiento misógino de *los nuevos bárbaros del patriarcado* a la *resistencia técnica* de los políticos e intelectuales que no desean cambios emancipadores en las vidas de las mujeres, pero que su adhesión a la ideología de la igualdad y a la corrección política les impide formularla explícitamente. Resistencias intencionadas y resistencias inconscientes de los varones que se "encuentran espontáneamente" y multiplican sus efectos reactivos a la hora de obstaculizar el avance y protagonismo de las mujeres.

No parece posible negar que vivimos una época de reacción patriarcal para las mujeres —el repetido *backlash*— y probablemente tampoco puede discutirse que esta marcha atrás está vinculada al desplazamiento ideológico hacia la derecha de todo el espectro político progresista. La británica Kira Cochrane[15] analiza algunos indicadores contrastables empíricamente que muestran esta hipótesis: en Inglaterra el porcentaje de condenas por violación ha caído en picado de un 33 por ciento en la década de los setenta al 5,7 por ciento en la actualidad. El *Washington Post* publicó un largo artículo sobre "esta vergüenza que empaña" el sistema jurídico británico. A pesar del crecimiento de mujeres violadas, el número de centros de ayuda a estas mujeres ha descendido casi a la mitad. De otro lado, también se explica en dicho artículo que el crecimiento de la industria del sexo muestra la consideración de los cuerpos de las mujeres como propiedad pública. De hecho, en estos momentos, en Inglaterra, se está abriendo un club de prostitución a la semana. Por otra parte, el intenso escrutinio y objetualización del cuerpo de las mujeres o la exaltación de la maternidad, entre otros hechos, manifiesta tanto un proceso de renaturalización de las mujeres como una disminución de su estatus de ciudadanas.

En la misma dirección, Cochrane cita a la escritora feminista estadounidense, Katha Pollit, quien afirma que "la cultura norteamericana está retrocediendo en los derechos de las mujeres". En todo caso, parece plausible contemplar con atención la hipótesis de que estamos ante un asedio patriarcal a los derechos conseguidos por las mujeres en los últimos cuarenta años. Este asedio está repleto de datos, a veces contradictorios: desde la violencia más extrema hasta la resistencia de los sistemas jurídicos contra las mujeres, pasando por el crecimiento de la trata y la prostitución, la venta de mujeres, la producción de "imaginadas tradiciones" para controlar a las mujeres, las políticas de control de los cuerpos para aquellas que no se adaptan a un canon de belleza imposible… Las élites económicas, políticas e intelectuales patriarcales parecen haberse puesto en pie frente a los procesos de emancipación de las mujeres. Las prácticas sociales y el discurso patriarcal están rearmándose ideológicamente y enviando a las mujeres un mensaje: *ha llegado el momento de parar y volver a recuperar valores y formas de vida del pasado.* El subtexto patriarcal parece ser la afirmación de que ha llegado el momento de devolver a las mujeres a la naturaleza. La idealización de la maternidad campea a sus anchas. La imagen de Angelina Jolie ejerciendo una maternidad biológica y adoptiva a "tiempo casi completo" o las guapísimas modelos de las pasarelas más prestigiosas del mundo sacrificando la perfección momentánea de sus cuerpos para convertirse en reproductoras biológicas y sociales modélicas deben tenerse en cuenta. A través de todas ellas la ideología patriarcal nos envía el mensaje de que antes que su trabajo y su conquistado canon de belleza está la maternidad. Las mujeres siempre han sido naturalizadas para que no accediesen al mundo de la razón, y lo cierto es que a lo largo de la historia han luchado denodadamente para acceder a la cultura y dejar atrás una naturaleza que las mutila. En estos tiempos de reacción, el destino patriarcal de las mujeres, tal y como explica agudamente María Xosé Queizán, es volver al lugar del que no debían haber salido nunca[16]. La operación de renaturalización de las mujeres está otra vez en marcha.

ECONOMÍA Y CULTURA DE LA GLOBALIZACIÓN: CRISIS DEL ESTADO-NACIÓN

Estos nuevos rostros de la violencia necesitan de un marco interpretativo que contemple realidades sociales hasta hace poco tiempo inexistentes para que pueda ser comprendida esta explosión de violencia masculina. Para ahondar en este punto de vista, es necesario tener en consideración que se ha producido una crisis cultural del orden patriarcal que se instauró en la Modernidad y esta crisis ha modificado los supuestos sobre los que se fundó el contrato sexual. Es decir, se ha modificado la correlación de fuerzas entre hombres y mujeres y por ello se han trastocado los términos del pacto sexual. En síntesis, puede decirse que no sólo se han trastocado las relaciones de dominio y subordinación entre varones y mujeres con la consiguiente crisis del contrato sexual, sino que también se han roto las reglas sobre las que se cimentó la moderna sociedad del contrato social. En otras palabras, el contrato social que se asentó sobre el sexual se ha quebrado y el resultado de todo ello es la gestación de un nuevo mundo marcado por la descomposición de los *nomos* sociales y patriarcales sobre los que reposa la Modernidad.

Las nuevas formas de violencia patriarcal nos hablan de la crisis del viejo mundo masculino y nos anuncian el nacimiento de uno nuevo. Identificar nuevas formas de violencia contra las mujeres significa indagar acerca de los nuevos caminos que ha emprendido el patriarcado en los últimos años al tiempo que nos señala los lugares por donde se ensancha la dominación masculina y aquéllos por donde se debilita. Para el feminismo es una tarea ineludible, y al mismo tiempo urgente, entender las transformaciones que están sucediendo en el interior del sistema patriarcal y los efectos que esos cambios están teniendo sobre las mujeres. Las razones de esta necesidad se originan en que el adecuado análisis de este nuevo fenómeno social nos irá dando pistas de los lugares por los que se desarrolla y despliega la dominación masculina y cuáles son los nudos de la crisis del patriarcado que primero hay que deshacer.

Una gran parte de los cambios que están alterando los términos del contrato sexual y del contrato social están vinculados a la crisis del estado-nación y a las nuevas tecnologías informacionales. A lo largo de la Modernidad ha tenido lugar un apasionado debate intelectual y una explícita lucha política entre quienes consideraban que el estado debía reducirse cuanto fuera posible para que las iniciativas individuales pudiesen desarrollarse sin obstáculos y la autonomía individual —masculina— fuese protegida en el ámbito privado-doméstico; de otro lado, sin embargo, los sectores políticamente situados en posiciones más radicales sobre la democracia han apelado al papel del estado y al uso del poder político para reducir las desigualdades económicas. Ese debate intelectual y político entre el pensamiento conservador y el progresista se ha saldado con un triunfo incontestable —no sabemos hasta cuándo— de la derecha conservadora. Y en estos momentos, cuando se inicia la segunda década del siglo XXI, estamos presenciando una reducción generalizada del estado, que adquiere dimensiones más dramáticas allá donde a los estados debilitados se les añaden otros dos ingredientes: la pobreza y la economía criminal. Y cuanto más se profundiza en esa gibarización del estado, en mayor medida se traspasan parcelas del monopolio estatal de la violencia a manos privadas, sean en forma de guardias de seguridad o de la incrustación de las mafias en el aparato estatal. Lo que nos interesa subrayar es que en esos casos las mujeres suelen ser objetos fundamentales de partes significativas de esas nuevas violencias. Sin embargo, es necesario tener en consideración que tanto quienes proponen ensanchar como disminuir el estado pactan entre sí la protección activa de los fundamentos del contrato sexual. Los privilegios masculinos están en la base de ambas formulaciones políticas, aunque las ideologías que se fundamentan en la igualdad son más permeables a las vindicaciones feministas.

El marco legal en el que se ha desarrollado históricamente el contrato social ha sido el estado-nación. Y esta estructura, la base más firme sobre la que se han edificado las sociedades modernas, es la más asediada en la actualidad. En última instancia, para entender el surgimiento de nuevas formas de violencia patriarcal, se hace necesario entender en su complejidad las profundas transformaciones por las que está atravesando la principal forma política que articuló la sociedad moderna: el estado-nación. Las tres realidades sociales que están minando al estado-nación y, por tanto, en mayor medida están desestabilizando el contrato social son, precisamente, las que están contribuyendo a transformar las bases sobre las que se construye el moderno contrato sexual.

Sin embargo, hay que tener en consideración que aunque los varones de la derecha conservadora y los de la izquierda más moderada y más radical, en su mayoría —con notables y valiosas excepciones de pequeños colectivos de varones— han pactado que el lugar asignado patriarcalmente a las mujeres siga inalterable, se puede observar que las políticas neoliberales de reducción del estado feminizan la pobreza, estimulan la explotación y ponen las condiciones idóneas para mercantilizar los cuerpos de las mujeres, tanto su fuerza de trabajo como su sexualidad. La reducción del estado socava la igualdad y crea nuevas violencias de género.

La primera está relacionada con las transformaciones económicas que ha introducido el nuevo capitalismo neoliberal y los nuevos valores y prácticas sociales que ha contribuido a instalar en la sociedad. En efecto, los estados-nación están sufriendo un ataque inédito históricamente desde su surgimiento. De una parte, el asedio viene de fuera, es decir, desde la globalización económica e informacional, tal y como sostiene Castells. La creación de instituciones políticas multilaterales y el reforzamiento de los organismos del capitalismo internacional están mermando las dimensiones de los estados. El FMI, el BM o la OMC, entre otros, están restando soberanía a los estados. Estas organizaciones diseñan políticas económicas y obligan a los estados a seguirlas a través de su sistema coercitivo fundamental: los préstamos.

La globalización neoliberal, es decir, las nuevas políticas económicas capitalistas, tiene como características principales, tal y como he señalado en otro lugar[17], la libre circulación del dinero y de las mercancías, el recorte de las prestaciones sociales, la eliminación de las redes estatales de bienestar social por muy reducidas que sean y la privatización del sector público. Las grandes instituciones del capitalismo internacional vigilan coactivamente el respeto a esas reglas, poniendo así fin a las políticas keynesianas de redistribución económica que se pactaron tras la Segunda Guerra Mundial. Por tanto, la nueva filosofía económica capitalista es aumentar, allá donde se pueda, el espacio del mercado. Y es en esta filosofía en la que las mujeres, debido a su posición estructural de vulnerabilidad económica y social, se han convertido en una presa fácil para el capitalismo. La maquila y la prostitución muestran que las mujeres son las mejores trabajadoras posibles en esta nueva era y también explican las causas por las que sus cuerpos se han puesto a la venta pública. El mercado ha visto en las mujeres la posibilidad de aumentar sus beneficios y de crear nuevos nichos económicamente productivos para sus intereses. En definitiva, la ampliación del mercado y la supremacía de la economía sobre la política erosionan el papel del estado.

De otra parte, el asedio también viene de dentro, pues el surgimiento de políticas identitarias y multiculturalistas está amenazando la soberanía de muchos estados. Estas dos fuerzas, una endógena y otra exógena, están debilitando los estados-nación. En efecto, la lucha de distintas comunidades culturales para imponer "prácticas culturales" a las mujeres que —analizadas desde el paradigma feminista— resultan ser prácticas patriarcales produce no sólo actos de violencia de género, sino también debilitamiento de los estados. En algunos casos, los gobiernos, por razones instrumentales, es decir, para evitar los conflictos con grupos de inmigrantes o con las comunidades culturales que viven en su interior, no prohíben esas tradiciones. Otras veces, arrastrados por las ideas relativistas de que no podemos intervenir ni interpelar las costumbres y tradiciones de los pueblos originarios o de los colectivos de inmigrantes, los gobiernos abdican de la función de proteger los derechos de las mujeres. Estas acciones gubernamentales, a veces por omisión y otras activamente, llegan a vulnerar a veces los derechos humanos y dejan al estado en una posición de 'falsa neutralidad' ante el socavamiento de derechos fundamentales.

Este proceso no sucede sólo en aquellos países que reciben inmigración, sino también en los que tienen poblaciones indígenas significativas. El caso de México, en el estado de Oaxaca, es paradigmático en este sentido, pues los pueblos indígenas mayas no quisieron compartir con las mujeres su cuota de representación municipal. Prohibieron, con el argumento de la tradición y con amenazas serias a las mujeres indígenas, su participación en la elección de cualquier tipo de representación municipal[18].

De hecho, han surgido nuevas pautas de violencia en diversas partes del mundo que se concretan en agresiones y muertes de mujeres a manos de varones sin mediar relaciones sentimentales entre los asesinos y las víctimas. Hace falta identificar las razones de fondo de las agresiones y asesinatos que tienen la apariencia de tener motivaciones culturales y de respeto a la tradición y que, sin embargo, están directamente vinculados al control de las mujeres por parte de los varones de algunas comunidades culturales e incluso de inmigrantes que se niegan a aceptar el fin de la tradición que sacraliza privilegios patriarcales. Esta nueva realidad nos obliga a buscar argumentos explicativos plausibles para dar cuenta de este hecho social.

No podemos dejar de preguntarnos sobre las razones que hacen posible que tradiciones que estaban debilitándose, como el uso del pañuelo o del velo, se están fortaleciendo en los países árabe-musulmanes hasta el extremo de convertirse en una seña identitaria directamente vinculada a la supervivencia de esas comunidades tan permeadas por el fundamentalismo islámico, tal y como señalan sus élites culturales y políticas. Y, sin embargo, no es sólo la forma de vestir o cubrirse el cabello ante los varones. Otras "tradiciones" aparentemente culturales, pero que sancionan formas de subordinación para las mujeres, están reapareciendo y están siendo sacralizadas por las élites masculinas como si su incumplimiento significase la destrucción de la propia cultura. Por tanto, las prácticas culturales que no respetan los derechos humanos y son tolerados por los estados acaban debilitando esta institución. En efecto, un estado que protege los derechos de algunos ciudadanos y abdica de defender los de otros ha perdido la imparcialidad y con ella también una parte de su legitimidad.

Al mismo tiempo, uno de los factores que más está erosionando el estado y, quizá, de los menos analizados en Occidente, es la economía criminal, que ya representa un segmento considerable y dinámico de la economía mundial. En muchas partes del planeta, los estados son extremadamente débiles y están reducidos en muchos casos poco más que a la presencia del ejército. Está comprobado que en ausencia de una afirmación decisiva del poder estatal[19], las redes del crimen se introducen en los estados y hacen cómplice de criminalidad al estado a través de la corrupción policiaco-judicial y a través del narcotráfico[20] y otras mafias que trafican con personas o con mercancías ilegales.

La economía criminal, como un fenómeno social y económico significativo, se ha configurado al hilo de las nuevas tecnologías informacionales, pues facilitan la circulación de grandes cantidades de dinero con extrema rapidez a través de países, desembocando siempre en paraísos fiscales. Es una economía que para reproducirse necesita apropiarse de sectores del estado y de la corrupción de partes de las élites políticas que controlan esos estados. De otro lado, los "empresarios" de la economía criminal suelen ser ajenos a las élites económicas tradicionales, aunque algunos de sus miembros no hayan podido adaptar sus negocios a las nuevas condiciones del capitalismo informacional y para mantener su histórica inserción en la escala social colaboran activamente, participan e incluso se convierten en personajes claves de esa "economía". Estos viejos empresarios de las burguesías de América Latina y Centroamérica, que controlan los mecanismos del estado y conocen bien el entramado institucional, facilitan la entrada de esa nueva y criminal economía en la justicia, la policía, el ejército y la administración. El narcotráfico, el contrabando de tabaco, el tráfico de mujeres para la prostitución, el tráfico de inmigrantes o el de órganos, además de material radiactivo, conforman esa criminal industria que está debilitando los estados y haciendo que pierdan legitimidad social, al tiempo que se ponen las bases para la implantación de soluciones políticas autoritarias.

La globalización, las identidades culturales y la economía criminal están debilitando muy seriamente a los estados, que están perdiendo en regiones del mundo su capacidad de imponer la ley y el orden. Por ejemplo, en México y en Centroamérica se está produciendo el abandono del monopolio de la violencia por parte del estado. La debilidad del estado, la globalización de las políticas económicas neoliberales —recortando derechos e imponiendo un nuevo modelo de trabajador flexible, en el que las mujeres están encontrando un mercado laboral precario— junto al reforzamiento reactivo de las demandas culturales son factores que están poniendo en cuestión el viejo orden social de la Modernidad.

Hay datos imposibles de soslayar y que deben verse a la luz de un marco interpretativo que aporte claridad. En algunos países el sistema de justicia está en quiebra. Es el caso de una buena parte de Centroamérica y, muy particularmente, de Guatemala. Las muertes de mujeres aumentan en Guatemala mientras las sentencias condenatorias judiciales disminuyen. La destrucción del estado es tan significativa que hay que señalar que en Guatemala existen 20.000 policías y 100.000 agentes de seguridad privada. En Ciudad Juárez, en los últimos años, se asesinaron a unas 500 mujeres; pues bien, la misma cantidad muere cada año en Guatemala, un país de 13 millones de habitantes. Se podría decir que Guatemala es la alegoría perfecta del genocidio de mujeres en América Latina.

Estas formas extremas de violencia revelan la profunda necesidad de restablecer el orden patriarcal, quebrado en parte por las luchas políticas de las mujeres y en parte por las políticas económicas neoliberales que han acabado con la figura del proveedor universal y han lanzado a las mujeres al mundo del mercado laboral. Sin embargo, aquellos nudos de servidumbre que contribuye a romper el capitalismo neoliberal con su insaciable necesidad del beneficio, por otra parte, siguiendo la misma lógica del máximo beneficio, los recompone con la creación de nuevas servidumbres, tanto en las maquilas como en el mercado de la prostitución. Pero estas nuevas esclavitudes no agotan las aportaciones del capitalismo al patriarcado: la segregación del mercado laboral global entre hombres y mujeres, la precarización de los derechos laborales de las mujeres o la feminización de la pobreza, entre otras muchas, son efectos rotundos de ese matrimonio bien avenido entre capitalismo y patriarcado.

CRISIS DE LEGITIMACIÓN PATRIARCAL

La situación de las mujeres es de una gran ambivalencia, pues en partes amplias del mundo han conquistado derechos individuales y además han hecho uso de ellos. Muchas mujeres, cuando han podido, han acudido al divorcio o han ejercido la maternidad en solitario; es decir, individualmente han prescindido de los varones a partir de determinados momentos de su biografía porque las expectativas sobre la familia o la pareja que deseaban no eran satisfechas por sus compañeros o maridos.

El acceso a formas de independencia económica y de autonomía personal les ha permitido negar algunos privilegios masculinos en el seno de sus propias relaciones familiares y de pareja. Las relaciones entre hombres y mujeres desde una perspectiva microsocial han variado significativamente en muchas partes del mundo. La crisis de la familia patriarcal de la Modernidad se puede observar a través de muchos datos empíricos: aumento de la tasa de divorcios, crecimiento de familias monomarentales, aparición de otros modelos de familia, bajísimas tasas de natalidad en Occidente y bajadas significativas en otras partes del mundo, retraso en la edad de matrimonio, incremento de hogares disueltos, reducción del número de matrimonios, aumento del número de hogares no legales, autonomía de las mujeres en su conducta reproductiva, proliferación de los hogares unipersonales…

Sin embargo, no sólo las mujeres han conquistado espacios de autonomía, en términos microsociales, es decir, en sus relaciones familiares y de pareja, también desde un punto de vista macrosocial pueden observarse cambios positivos para las mujeres como genérico. La ideología de la igualdad y de los derechos humanos está ganando algunos espacios simbólicos y materiales en instituciones y sectores de la sociedad civil y también en algunos poderes "fácticos". El poder político se ha convertido en un terreno de confrontación para las mujeres y en diversos países las mujeres están haciéndose con pequeños espacios de poder: políticas públicas de igualdad, reformas constitucionales, normativas, reformas electorales, leyes de igualdad, políticas contra la violencia de género… De una parte, en diversos países se están realizando algunas reformas legislativas en la dirección de reasegurar algunos derechos (cuotas y paridad) y garantizar la presencia equilibrada entre hombres y mujeres en diversas instituciones. De otra, se están aplicando políticas de igualdad a fin de corregir el déficit de recursos de las mujeres, especialmente en materias de empleo y violencia.

En realidad, la voluntad política masculina no es significativamente propicia a los derechos de las mujeres, pero su lucha está siendo decidida, aun con errores estratégicos de magnitud como anteponer los intereses de sus comunidades culturales, de sus partidos o movimientos sociales, entre otros, a sus intereses como mujeres. Pese a este error estratégico, las mujeres avanzan en algunos espacios, público-políticos y privado-domésticos. Las mujeres feministas que luchan por sus derechos en organizaciones no feministas están obligadas a hacer equilibrios de malabarismo político, pues las estructuras patriarcales de esas organizaciones y la voluntad masculina de monopolizar el poder orgánico las colocan en posiciones contradictorias desde el punto de vista político. La contradicción surge de las decisiones no feministas que se toman en el seno de esas estructuras. Este es un tema de reflexión que vuelve otra vez, tras más de 30 años, como objeto de debate al seno del movimiento y sobre el que reflexionaré en el siguiente capítulo.

La respuesta reactiva del patriarcado se está viendo ahora con formas inéditas de violencia, pues si bien determinados varones no pueden seguir desarrollando microsocialmente sus privilegios patriarcales, en clave macrosocial determinados colectivos masculinos están respondiendo con inusitada virulencia. Este factor es clave para entender el feminicidio o la extensión de la prostitución hasta convertirse en la segunda o tercera fuente de beneficios tras el negocio de las armas y las drogas en el mundo. El mensaje del patriarcado parece ser el siguiente: se podrán negar algunos privilegios masculinos a varones individuales, pero las mujeres no podrán sustraerse al dominio sistémico masculino. Si se alteran las relaciones de poder entre hombres y mujeres establecidas en el contrato sexual, si se quiebran algunas de sus cláusulas, habrá que responder con distintas "leyes de excepción": asesinatos, violaciones individuales y colectivas, agresiones físicas... El clima de miedo hará el resto, pues impondrá autocensura en las mujeres a la hora de manifestar su autonomía: no saldrán solas por la noche, ni andarán por parajes solitarios, ni vestirán con atrevimiento ni hablarán con extraños... Estas conductas ya se están generalizando en Guatemala, El Salvador, Honduras, Ciudad Juárez... Las mujeres sin un varón son de todos los varones. Y conviene no olvidarlo. Por eso, quizá la prostitución es una de las grandes metáforas del patriarcado del siglo XXI: a medida que disminuye el número de mujeres que pertenecen individualmente a cada varón, aumenta el volumen de las que pertenecen a todos.

Ésta parece ser la propuesta patriarcal de reconstitución del contrato sexual en esta época marcada por la globalización: si la ideología de la igualdad entre hombres y mujeres, a la que ha contribuido activamente el feminismo, y la legitimidad cada vez más global de la perspectiva de los derechos humanos han politizado las relaciones entre varones y mujeres y han permitido a estas últimas emanciparse de algunas marcas de subordinación, la propuesta del patriarcado es funcional a su propia reproducción social: aumento del control colectivo sobre las mujeres utilizando un más que metafórico "estado de excepción" para compensar las grietas que se han abierto microsocialmente en la dominación masculina. Y no solamente en los espacios microsociales, pues las vindicaciones feministas de hacer real el cumplimiento de los derechos formales han llevado en distintas partes del mundo a aplicar políticas de igualdad en variados ámbitos sociales y políticos. Así, no puede negarse que en zonas diversas del planeta, las mujeres han conquistado nuevos espacios de libertad, igualdad y autonomía.

Pues bien, en este momento, muchos datos apuntan a que ciertos colectivos de varones sienten que su estatus como varones se está poniendo en cuestión y ese hecho probablemente les hace sentirse autorizados a ejercer el control y violencia sobre todas aquellas mujeres que, estando a su alcance, fortalecen su poder como genérico masculino. Y, sin embargo, el protagonismo de las mujeres tiene el aspecto de ser irreversible, pues parece ir en ascenso en casi todo el mundo. Más aún, muchos datos certifican que se ha debilitado "la barrera de entrada", aunque este hecho sea compatible, por ejemplo, con la feminización de la pobreza en la Unión Europea.

No quisiera dejar de lado un fenómeno social minoritario, pero que quizá en el futuro tome dimensiones que en este momento no tiene: me estoy refiriendo a esos pequeños grupos de varones que han tomado una posición pública y política en contra de la violencia de género, a favor de la abolición de la prostitución o en favor de la igualdad. Hombres que se definen como feministas y que pueden ser útiles en las luchas de las mujeres por alcanzar la igualdad. ¿Qué consecuencias sociales tendría la quiebra de ese principio horizontal de igualdad fraternal entre varones que se ha construido históricamente sobre la apropiación de los cuerpos y las libertades de las mujeres? ¿Qué ocurrirá si sectores sociales masculinos interpelan activamente el dominio patriarcal y se distancian críticamente de las marcas fundamentales de desigualdad? El fenómeno social de los grupos activos de varones a favor de la igualdad o en contra de la prostitución y la violencia de género o la reflexión masculina sobre la necesidad de crear nuevas masculinidades, desafiando de ese modo los mandatos sociales que empujan a los varones a cumplir las expectativas de la tradicional normatividad masculina, más allá de otras consideraciones, deben ser entendidos como un síntoma de la crisis de legitimación del patriarcado. Y aún más, pese a ser casi insignificantes cuantitativamente, su presencia social es una fisura en la hegemonía sistémica masculina. De modo que los varones están reaccionando ante la sucesión de cambios sociales que cuestionan la normatividad masculina de formas opuestas:

de un lado, con formas extremas de violencia y, de otro, solidarizándose reflexivamente con los movimientos feministas y cuestionando aspectos fundamentales de los patriarcados contemporáneos.

La tesis de fondo que alienta este trabajo es que los brotes de violencia extrema en diversas partes del mundo están relacionados reactivamente con la confluencia de diferentes procesos sociales que comenzaron a finales de los sesenta y que condujeron a las mujeres a apropiarse de espacios tradicionalmente masculinos, espacios que han reforzado su libertad y autonomía y han ampliado las relaciones sociales de igualdad entre unos y otras, aun en un contexto de fuertes ambivalencias: "Las fuerzas impulsoras que subyacen en estos procesos son el ascenso de una economía informacional global, los cambios tecnológicos en la reproducción de la especie humana y el empuje vigoroso de las luchas de las mujeres y un movimiento feminista multifacético"[21].

REACCIÓN PATRIARCAL: LA VIOLENCIA COMO BARRERA DE ENTRADA

En efecto, el patriarcado o, como diría Kate Millett, los patriarcados contemporáneos están reaccionando de forma desproporcionada, pues se tambalea el contrato sexual: ciertos colectivos masculinos no aceptan el debilitamiento de algunos aspectos del contrato sexual fabricado en la Modernidad que permitía a cada varón tener acceso sexualmente a una mujer, la suya, con la licencia complementaria de acceder a un pequeño grupo de mujeres, las prostitutas, que eran propiedad de todos. Las reglas que marcaban los límites del contrato sexual se están debilitando en este mundo de desorden y los varones, como genérico dominante, aprovechan la crisis de esas reglas para volver a la ley del más fuerte. No aceptan la descomposición de la familia patriarcal. Esta institución es uno de los emblemas ideológicos y materiales del pensamiento conservador y de los fundamentalismos religiosos y patriarcales. Quizá porque saben que la familia patriarcal es una de las piedras angulares sobre las que se sostiene el poder hegemónico masculino.

Asimismo, el acceso de las mujeres al mercado laboral en la mayoría de las regiones del mundo contribuye activamente a debilitar la figura masculina de proveedor universal y, por tanto, el papel del varón pierde autoridad en la familia. En definitiva, se está debilitando la autoridad masculina en el contexto familiar y de pareja. De otro lado, las mujeres de los dos tercios pobres del mundo también han abierto fisuras en esa "barrera de entrada", pues su protagonismo, en las maquilas o en los países de destino como trabajadoras inmigrantes, parece imparable. Tal y como señala Castells, las mujeres son quienes mejor representan el perfil de trabajador flexible de la nueva economía capitalista[22]. El capitalismo empuja a las mujeres al mercado laboral como "proveedoras frustradas"[23], es decir, en condiciones de marcada precariedad, pero, al tiempo, la condición de proveedoras les permite en algunos casos renegociar sus relaciones familiares y de pareja e incluso abandonar esa relación. Todo eso debilita una de las formas de control sexual sobre las mujeres, el matrimonio, y al mismo tiempo abre el camino al acceso sexual al cuerpo de quienes eran unas pocas y ahora están aumentando significativamente, sin condiciones ni compromisos: me estoy refiriendo a las mujeres que ejercen la prostitución. Estamos hablando de que la prostitución y el tráfico son uno de los segmentos económicos más significativos de la economía criminal, pues suele oscilar entre la segunda y tercera fuente de beneficios global. De otro lado, las conferencias internacionales de la mujer y las luchas de las mujeres feministas han tenido una influencia decisiva a la hora de conformar una opinión pública a favor de la participación de las mujeres en los asuntos público-políticos.

Las nuevas formas de violencia patriarcal son, en parte, el resultado de un conglomerado de necesidades e intereses comunes de distintos sistemas de dominación que pactan la construcción de una "barrera de entrada". En otros términos, las mujeres deben estar donde estaban: hay que impedirles que traspasen las barreras de la autonomía y de la libertad. La crisis del contrato sexual en términos de mayor protagonismo laboral y social de las mujeres, aun en condiciones de explotación económica y de precariedad de derechos laborales y, al tiempo, de mayor capacidad de renegociación familiar, ha puesto el orden patriarcal en situación de alerta.

Sin embargo, el capitalismo neoliberal y el orden patriarcal, tras haberse roto las reglas que normaban estos dos sistemas hegemónicos, están renovando sus pactos. Resultado de este contrato es la feminización de las maquilas más descualificadas y con menores salarios; la extensión de la prostitución a límites inéditos hasta ahora y su conversión en una especie de grandísima empresa en forma de red, interconectada, ligada al tráfico de personas, con prácticas esclavistas globales y vinculada a la economía criminal; la naturalización del trabajo no remunerado que realizan las mujeres en el hogar; de hecho, no se cuestiona prácticamente en el marco de la ideología de la igualdad —es un mal menor y un asunto privado de cada mujer— ni se contempla como una práctica de explotación… Patriarcado y capitalismo necesitan crear y recrear nuevas servidumbres de las mujeres para aumentar el beneficio del capital y para mantener lo más intacta posible la dominación masculina. Explotación económica capitalista y subordinación patriarcal confluyen en la privación de recursos y derechos a las mujeres.

El caso de los feminicidios de Ciudad Juárez es quizá uno de los ejemplos más rotundos que ilustran este punto de vista. En efecto, la mujer de la maquila representa simbólicamente para los varones la descomposición del antiguo orden patriarcal, pues ha quebrado el modelo de normatividad femenina, en tanto mujer sometida y dependiente del varón de turno. La joven trabajadora de la maquila representa de algún modo la autosuficiencia y la autonomía, se ha desasido de la protección masculina y se ha convertido en una proveedora imprescindible de la economía familiar. Ha ganado libertad y autonomía económica y eso produce efectos de empoderamiento individual. Esos salarios, imprescindibles, por tanto, privan a los varones de algunas cuotas de poder sobre sus esposas que pareciera que el patriarcado trata de compensar con otros mecanismos de violencia.

De hecho, las jóvenes muertas de Ciudad Juárez son sometidas por las autoridades a procesos de estigmatización y acusadas de tener dobles vidas o costumbres libertinas[24], que serían en última instancia la justificación de esos "crímenes de género": "Sacrificar mujeres en Ciudad Juárez reflejaba el placer de una fama que se quería clandestina y anónima. El proyecto concluso de las fantasías sangrientas en medio de un territorio donde día tras día fermentaba el miedo y donde las mujeres emergían y participaban en la construcción de su propia vida"[25]. Explica muy bien Julia Monárrez que los cadáveres de las mujeres asesinadas en Ciudad Juárez son el resultado de una ilegalidad útil para la formación estratégica de las identidades de género y de clase social. El asesinatos confirma la posición subalterna de estas mujeres y la justicia reconfirma de nuevo esta subalternidad[26].

En este punto es necesario introducir otro elemento clave, del que hablamos anteriormente, en la economía y la cultura de la globalización: la economía criminal. Las tecnologías informacionales que permiten el tránsito del dinero con pocas huellas y una policía europea e internacional poco coordinadas están permitiendo que las mafias se conviertan en algo parecido a multinacionales que controlan todo el proceso criminal, desde el inicio, plantaciones de drogas o búsquedas de mujeres para la prostitución, hasta el paso final del blanqueo de dinero o la introducción de las mujeres en el burdel. La economía criminal crece entre las facilidades de comunicación de la red criminal y las inversiones de blanqueo de dinero por mil caminos sinuosos que proporcionan las nuevas tecnologías informacionales y facilita el debilitamiento de los estados. De hecho, en aquellos países que han tenido una guerra o que han cambiado de régimen —el caso de los países del este europeos— y, por ello, los estados se han encontrado en fase de descomposición, las mafias han surgido "espontáneamente" y se han introducido tanto en los aparatos de los estados —poder judicial, legislativo, ejecutivo, policía, ejército...— como en la sociedad.

Por otra parte, frente a estados que cada vez garantizan menos derechos y ofrecen menos garantías y protegen más débilmente a sus ciudadanías, las mafias ofrecen a los colaboradores y sus familias la protección y los recursos que el estado les niega. Y es ahí, precisamente, donde tejen una complicidad con sectores sociales dejados de la mano del estado y recogidos por estos grupos criminales. De hecho, hay datos empíricos que muestran cómo se están entretejiendo vínculos entre las mafias del narcotráfico y las pandillas o maras[27]. La maquila y el narcotráfico imponen subterráneamente un nuevo orden social que sólo puede ser mantenido con el terror y con la impunidad y las mujeres son objetos y víctimas de ese nuevo orden: signos perversos que anuncian las derivas perversas del capitalismo neoliberal y de los patriarcados que tienen pánico a la pérdida de mecanismos de control sobre las mujeres.

Los feminicidios —Jill Radford y Diana Russell lo definen como "crímenes de odio contra las mujeres" o asesinatos misóginos—[28] hunden sus raíces en una concepción de lo femenino como inferior a lo masculino que forma parte de la metapolítica de grandes sectores de población de nuestras sociedades y, por ello mismo, es parte constituyente del imaginario colectivo y del centro simbólico de la sociedad. Tal y como explica Melissa Wright, las mujeres son seres golpeables y violables[29]. Esta ideología patriarcal, y sus prácticas sociales y políticas, experimenta el asedio de las vindicaciones colectivas de igualdad y de la ideología de los derechos humanos que también han encontrado cierto acomodo en las instituciones de distintos países en forma de políticas de igualdad y en una movilización ideológica difusa, pero efectiva, de igualdad entre los sexos que está calando entre segmentos de población, sobre todo de clase media, y que está ocasionando severas crisis de plausibilidad en el orden patriarcal.

Sin embargo, es necesario ir un poco más allá de la definición de "crímenes de género" y combatir esa "voluntad de indistinción" de la que nos advierte Rita Segato. El caso del feminicidio en Ciudad Juárez o la cuarta parte de los asesinatos de mujeres en Guatemala desbordan el concepto de "crímenes patriarcales" sin más porque en los mismos intervienen factores que van más allá de la misoginia masculina. Aparecen en escena otros elementos que complican estos asesinatos: narcotráfico, tráfico de mujeres, prostitución forzada, maras y pandillas o agresiones sexuales de fin de semana. Estas mujeres asesinadas por estos varones que actúan en grupo nos envían mensajes a través de cada mujer asesinada y a través de las formas elegidas para perpetrar el asesinato. Los cuerpos de las víctimas tienen formas: el secuestro, la violación, la tortura, la mutilación y el asesinato de la niña o la mujer[30].

En primer lugar, podría decirse que los miembros que participan en la economía criminal, desde aquellos colaboradores más externos de la organización hasta los integrantes más activos y comprometidos, necesitan producir violencia para advertir a la sociedad y al poder que son intocables, que no deben ser amenazados. Pero también el crimen compromete a todos sus miembros al silencio. Si los diversos grupos que componen la organización asesinan, se convierten en cómplices y, por tanto, esa misma complicidad les impide denunciar.

De otro lado, tal y como afirma Kate Millett, estas agresiones masculinas "representan para el grupo, en un nivel inconsciente, un acto ritual de efectos catárticos"[31]. Estas organizaciones criminales están compuestas por fratrías masculinas básicamente, aunque también tienen como miembros y colaboradoras a algunas mujeres.

En segundo lugar, la fratría criminal sella sus negocios y sus pactos con el asesinato ritual de mujeres, previa violación y en muchos casos tortura, al modo en que muchos negocios de fratrías empresariales en España y Europa se sellan con el acceso sexual al cuerpo de las mujeres que ejercen la prostitución.

En tercer lugar, es plausible la tesis de Celia Amorós de que, una vez que se han roto las reglas del contrato sexual y del contrato social y ha dejado de funcionar el derecho patriarcal fraterno, la mafia se apropia del imaginario libertino: no hay reglas ni distribución pactada de mujeres. Amorós sostiene que el imaginario del sujeto mafioso es el libertino[32]. En efecto, las prácticas de la mafia (trata, prostitución, narcotráfico, etc.) ponen de manifiesto la voluntad explícita por parte de esos grupos de que las mujeres son propiedad colectiva de los varones: de los varones que pueden apropiarse de ellas mediante la fuerza. Ante la abdicación del estado en el ejercicio de su soberanía y del monopolio de la violencia, las mafias se introducen mediante la corrupción y la violencia en los intersticios de la sociedad y de los poderes del estado para imponer su ley, que debe ser doble: la del beneficio y la de la utilización de la violencia para producir miedo e impunidad. Sólo con esta última parte del proceso seguirá poniendo las condiciones de posibilidad de garantizar y aumentar sus beneficios económicos.

Sin embargo, es necesario volver a la pregunta feminista que nos hacíamos al principio de este texto: si se trata de hacer demostraciones de violencia como estrategia para producir terror y miedo en la sociedad, en el estado y en otros grupos mafiosos rivales, ¿por qué asesinar a mujeres? ¿Y por qué de esa forma? ¿Es decir, con tortura, descuartizamiento, estrangulamientos y otras violencias extremas?[33]

VIOLENCIAS DEL SIGLO XXI Y PÉRDIDA DE INDIVIDUALIDAD DE LAS MUJERES

Las fuentes de las que brotan las nuevas formas de violencia de género y los efectos que produce esa violencia son resultado del cruce de nuevos procesos sociales, culturales, económicos, raciales y/o étnicos que están teniendo lugar en el interior de las sociedades patriarcales. Sus efectos también son variados, pero todos ellos tienen en común el ahondamiento en la inferiorización, subordinación y explotación de las mujeres. A lo largo de los últimos lustros del siglo XX y de la primera década del siglo XXI, sectores cuantitativamente significativos de mujeres en todo el mundo están experimentando la vuelta al escenario social de intensos procesos de violencia, a veces extremos, que se creía que estaban a punto de desaparecer. El resultado de este viejo e injusto fenómeno social que se viste con ropas nuevas está coexistiendo con procesos también significativos de emancipación de sectores de mujeres. De ahí, la importancia de no separar estos dos procesos y de investigar los nudos aparentemente invisibles que los unen.

En este relato no puede olvidarse la violencia económica que se ejerce contra tantas mujeres que trabajan en las zonas francas o maquilas: salarios que apenas cubren la subsistencia en condiciones laborales propias del siglo XIX. En las maquilas, la pérdida de derechos laborales y civiles no significa otra cosa que pérdidas significativas de ciudadanía, es decir, de autonomía e individualidad. Las mujeres de las maquilas son intercambiables, pues sus trabajos no dejan espacio para ninguna acción que no sea la repetición autómata: son las nuevas idénticas del siglo XXI, tomando prestada la conceptualización de Celia Amorós sobre las mujeres como las idénticas y los varones como los iguales[34]. Pero, además, un alto porcentaje de los asesinatos que tuvieron lugar en las zonas donde operan las empresas maquiladoras y que se inscriben en este trágico fenómeno social patriarcal denominado feminicidio carecen de las medidas de seguridad necesarias para proteger a las mujeres, según la Resolución del Parlamento Europeo sobre feminicidios[35].

¿No son las maquilas el paradigma de la explotación neoliberal y del desorden patriarcal del siglo XXI? Más aún, ¿no representan uno de los resultados más acabados del nuevo pacto sexual que están negociando los dos sistemas de dominio más globales, el capitalismo neoliberal y el patriarcado contemporáneo? ¿No serán las mujeres de las maquilas una suerte de nuevas *siervas económicas*? Las mujeres "sembradas" y semienterradas frente a la asociación de maquiladoras en Ciudad Juárez envían dos mensajes a la sociedad: la primera es que no deben organizarse ni protegerse colectivamente: solas y aisladas son víctimas fáciles, pero unidas y en lucha son víctimas difíciles; la segunda es que las asesinadas y sembradas son intercambiables, no tienen nombre ni cara, cada una de ellas es alguien que no es, sólo trabajan como podría hacerlo cualquier otra; son sólo mujeres pobres y jóvenes, el emblema de un género y de una clase que quiere sobrevivir con más autonomía en el nuevo mundo que se está fabricando. Quizá la maquila sea otra de las grandes metáforas de la globalización patriarcal del siglo XXI.

Asimismo, se puede detectar una opresión y una servidumbre cultural que desemboca en estas nuevas *siervas culturales*: el burka, el pañuelo, el velo, las formas de vestir, la exigencia a las niñas musulmanas de que no hagan gimnasia y que no se desnuden en los baños de los colegios, la exigencia de pureza sexual a las mujeres de etnia gitana, las dotes en India, el canon de belleza o las políticas de control del cuerpo femenino en "el primer mundo"[36] son prácticas patriarcales que esconden los privilegios masculinos que defienden tras el velo de la cultura. Cultura y religión se funden en su interés por hacer de las mujeres las depositarias de aquellos significados sociales centrales para la reproducción de las culturas y de las religiones. En África, costumbres y prácticas culturales de un lado y religiones de otro proporcionan legitimidad a la mutilación genital, a la lapidación o a los latigazos públicos por contravenir preceptos sobre los que se articula la normatividad femenina. En Asia, la costumbre de la dote ha causado la muerte de 7.000 mujeres en el año 2007 en la India[37]. Una costumbre casi olvidada como la poliandria es una tradición antigua y ya en desuso que está floreciendo a causa de la desaparición de mujeres en ese continente[38]. Estas prácticas ponen de manifiesto la globalización de la violencia sobre las mujeres en contextos culturales y geográficos distintos y en una gran variedad de situaciones.

Parecería que Europa y los ricos países del Norte se han sustraído a estas bárbaras costumbres, pero la política de control sobre los cuerpos de las mujeres no se detiene a las puertas de los países que más han desarrollado los derechos humanos y la igualdad. La barbarie patriarcal impone su política sexual a las mujeres de variadas formas: en primer lugar, fabricando un canon de belleza hipersexualizado que sólo puede conseguirse a través de sucesivas operaciones. ¿Cómo combinar la delgadez del cuerpo y la contundencia de las formas femeninas? Sólo con liposucciones, dietas de adelgazamiento, gimnasios... En definitiva, mutilaciones. En segundo lugar, hay que señalar que tras este canon se esconde un subtexto de misoginia poderosa que hay que tener en cuenta. ¿No nos recuerdan los modelos femeninos de Calvin Klein y otros modistos a aquellas mujeres que habitaban en el imaginario patriarcal de la literatura del siglo XIX? ¿No nos recuerdan a aquellos modelos de mujeres inspirados por la misoginia romántica? ¿Delgadas, con ojeras, sin vitalidad, al borde permanente del desmayo? Este modelo que está configurando "la nueva misoginia postmoderna" es tan radicalmente inhumano que desemboca en una especie de autoodio, cuya expresión más acabada es la anorexia. Pues bien, esta nueva misoginia que parece buscar el aniquilamiento de las mujeres con la aquiescencia y la complicidad de la mayoría de la sociedad es un producto directo de "nuestra cultura". Una nueva misoginia patriarcal se ha instalado en nuestra sociedad y no sabemos cómo podremos sustraernos a ella. Los éxitos del dominio patriarcal son tan avasalladores que ni siquiera podemos crear una opinión pública en la que se haga oír y comprender la vinculación causal del dominio masculino y el canon de belleza femenino.

La nueva sociedad informacional que se está configurando, marcada por impulsos globalizadores e identitarios, está modificando hasta incluso aquellas comunidades más alejadas de los núcleos urbanos. Uno de los efectos de los impulsos globalizadores es el abandono colectivo de la memoria comunitaria[39]. La memoria se silencia o se visibiliza en función de los intereses de las élites dominantes, pero también en función de aquellos colectivos sociales que luchan por conservar su historia y lo cierto es que casi siempre lo hacen en contra de los grupos hegemónicos de su sociedad. Por eso, las élites masculinas intentan reificar aquellas prácticas sociales que mantienen sus privilegios o intentan crear otras prácticas nuevas para ampliarlos. Los sectores patriarcales dominantes no dejan de luchar por la reelaboración de aspectos de la memoria comunitaria convenientes para su afirmación y supervivencia. Se abandonan las prácticas y costumbres que no son funcionales a la nueva identidad reconstituida o en proyecto de construcción y se retoman o reinventan aquellos otros que pueden ser funcionales a la nueva situación. En esta lógica se puede observar la reelaboración cultural de aspectos de la memoria comunitaria patriarcal. Las sociedades patriarcales buscan nuevas fuentes de legitimación y para ello acuden a la cultura o la religión, al pasado, a las costumbres[40], en definitiva, como diría Mary Wollstonecraft, al prejuicio.

En efecto, el marco de estos fenómenos sociales se entiende mejor a partir de la tesis de Sophie Bessis acerca de la ideología de la supremacía de Occidente[41]. Esta ideología, que tanta facilidad tiene para categorizar a "los otros", a veces nos ha hecho perder conciencia de que nosotros y nosotras también formamos parte de una cultura y que como cultura tenemos nuestras propias prácticas que son opresivas para las mujeres. Esta ideología es precisamente la que nos induce rápidamente a identificar a las otras comunidades religiosas, como la islámica, y a identificar con más lentitud nuestros propios fundamentalismos.

De hecho, los varones del fundamentalismo cristiano no van muy a la zaga de lo que van los varones de las comunidades culturales árabes, musulmanas o latinas. Por ejemplo, "la asociación de padres" en EE UU, en el marco ideológico del fundamentalismo cristiano, reivindica la vuelta de la autoridad no cuestionada del padre de familia, la sumisión de las mujeres frente a la autoridad "natural" de los varones, la prohibición del divorcio y del aborto o la clausura de la autonomía e independencia de las mujeres[42].

Las nuevas formas de violencia patriarcal, aun siendo distintas entre sí, comparten un núcleo común que se encuentra en el corazón del sistema de dominio masculino que en estos momentos y más que nunca se siente amenazado. Esta nueva política sexual patriarcal tiene como característica que despersonaliza y desindividualiza a las mujeres, las convierten en intercambiables, en genéricas. Celia Amorós explica, a propósito del feminicidio, que "parecería como si en todo el proceso de reconstrucción de los crímenes hubiera una conspiración contra la individualidad femenina"[43]. Una de las características fundamentales tanto en la construcción como en la reproducción de los grupos oprimidos es, por una parte, privar a sus miembros de la máxima individualidad y, por otra, fabricar mecanismos de uniformización. Pues bien, este proceso se ha rodeado de violencia y coacción para las mujeres. Desde luego, si todo proceso de privación de individualidad y ciudadanía es en sí mismo violento, en el caso de las mujeres esta violencia adquiere una dimensión literal. El asedio a la individualidad de las mujeres no se detecta sólo en los feminicidios. La maquila, las políticas de control de los cuerpos de las mujeres en Occidente o las agresiones y "regresos" selectivos de algunas tradiciones culturales muestran con contundencia que estamos asistiendo al regreso de las *idénticas*.

Los asesinatos feminicidas en Ciudad Juárez recaen sobre mujeres por el hecho de serlo y la repetición del asesinato las despersonaliza, el trabajo en las maquilas uniformiza y descualifica a las trabajadoras "genéricas", el velo, el pañuelo, el burka o los vestidos tradicionales de ciertos pueblos indígenas las convierte en idénticas, las políticas natalistas de algunas comunidades culturales (Palestina, Israel, Sahara) las convierte básicamente en úteros, cuya misión es dar hijos para el futuro estado, las mujeres y niñas violadas en Congo, Bosnia o Guatemala son un medio para humillar a los enemigos y para deshacer el tejido social de los pueblos a destruir: en sus cuerpos, da igual el que sea, se dirime la derrota del enemigo. Hay despersonalización y pérdida de la individualidad en las víctimas y en los asesinatos, en las violaciones, en los embarazos, en las formas de vestir restaurando o reinventando la tradición y en los sistemas de producción industrial y manufacturera de la maquila.

En esta dirección, se puede decir que todos estos procesos están vinculados a nuevas formas de violencia: el feminicidio en México o Guatemala, las maras y las muertes y violencias rituales de mujeres en muchos países de Centroamérica, las violaciones colectivas en las guerras, las violaciones múltiples de algunas mujeres que han decidido sustraerse al control de su comunidad... Fadela Amara, fundadora de la organización francesa Ni Putas ni Sumisas[44] identifica las prácticas sociales masculinas de los varones islámicos que impiden a las mujeres sustraerse a las estrictísimas y patriarcales normas que les han impuesto los varones de su comunidad. Todo esto sugiere que se están constituyendo en muchas partes del mundo nuevos rituales patriarcales, violencias completamente nuevas e inéditas para las mujeres, pues estos asesinatos no ocurren solamente en Kabul o en Marrakech, sino también suceden en ciudades como París o Londres, en definitiva, en ciudades del tercio rico del mundo. Y todas estas violencias han de sumarse a la estructural y cotidiana violencia de género[45] con la que diariamente convivimos en todo el planeta[46].

LA RENATURALIZACIÓN DE LAS MUJERES

Ahora bien, no podemos sustraernos a la siguiente pregunta: ¿cómo es posible que se estén produciendo estas nuevas formas de violencia en el momento en el que gozan de más legitimidad que nunca los derechos humanos? ¿Y más aún en el momento en el que la ideología de la igualdad entre hombres y mujeres está adquiriendo la suficiente plausibilidad como para que se estén diseñando y aplicando prácticas políticas de institucionalización de la igualdad de género?

Quizá lo primero que haya que hacer sea remitirnos a ese nuevo discurso y a esas nuevas prácticas sociales patriarcales que se están fabricando y de las que hablábamos al inicio de este texto. Prácticas que se inscriben en un discurso más amplio de renaturalización de los grupos oprimidos. El mundo de desorden actual se alimenta de una sustancia muy conocida que creíamos derrotada: la naturalización de la desigualdad. Y es esta sustancia la que permite la producción y la reproducción de la normalización de la barbarie patriarcal. En el caso de las mujeres, la renaturalización es la columna vertebral del nuevo pensamiento patriarcal y misógino. Estas producciones discursivas y materiales tienen como efecto que contemplemos la inferioridad social de las mujeres como si formase parte de un orden natural de las cosas. El patriarcado promueve la idea de que la inferioridad es inherente a la naturaleza femenina, caracterizada por el déficit de fuerza y de racionalidad. De ahí, se deriva el regreso al viejo mundo patriarcal y el intento de reconstituirlo a cualquier precio. Y para ello, la violencia es un instrumento excepcional, pero necesario.

Por supuesto, todos estos elementos discursivos están enmascarados en la imperiosa necesidad que tienen los varones de que las mujeres vuelvan a asumir los viejos e injustos papeles que tenían asignados y que los medios de comunicación muestran continuamente: sacralización de la familia, del hogar y de la maternidad, crítica generalizada al hundimiento de algunos valores que sostenían la familia patriarcal, responsabilidad de las mujeres en el fracaso escolar de los hijos debido a su participación en el mercado laboral y un largo etcétera. Sin embargo, las mujeres no quieren asumir el mundo de desigualdad y subordinación de tiempos pasados. La ideología de la igualdad y de los derechos humanos es usada por las mujeres de todo el mundo para llenarse de razones que aporten legitimidad a su emancipación. Y esta revolución que han protagonizado las mujeres durante los tres últimos siglos, pero muy particularmente a lo largo de la segunda mitad del siglo XX, no se detendrá. Podrá haber pasos atrás, pero las semillas de la libertad y de la igualdad están sembradas y antes o después las mujeres recogerán los frutos de sus luchas.

NOTAS

1. Citado en Bénédicte Manier: *Cuando las mujeres hayan desaparecido*, Madrid, Cátedra, col. Feminismos, 2007, p. 15.
2. Margaret Atwood: *La maldición de Eva*, Madrid, Lumen, 2006, pp. 42-43.
3. OMS: *Informe sobre violencia y salud*, 2002.
4. Drucilla Cornell: *En el corazón de la libertad. Feminismo, sexo e igualdad*, Madrid, Cátedra, col. Feminismos, 2002. Véanse páginas 185-192. Asimismo, véase a este respecto el libro de Bénédicte Manier, *Cuando las mujeres hayan desaparecido*, anteriormente citado.
5. Nancy Armstrong: *Deseo y ficción doméstica*, Madrid, Cátedra, col. Feminismos, 1991, p. 91.
6. Silvia Levin: *Derechos al revés. ¿Salud sexual y salud reproductiva sin libertad?*, Buenos Aires, Ed. Espacio, 2010, pp. 237-244.
7. Kate Millett: *Política sexual*, Madrid, Cátedra, col. Feminismos, 1995, p. 100.
8. Julia Estela Monárrez Fragoso: *Trama de una injusticia. Feminicidio sexual sistémico en Ciudad Juárez*, Tijuana, Ed. El Colegio de la Frontera Norte/Miguel Ángel Porrúa, 2009, p. 282.
9. Victoria Sanford: *Guatemala: Del genocidio al feminicidio*, Guatemala, F&G Editores, 2008.
10. La política de seguridad y policial de EE UU contra la droga, en abierta colaboración con Colombia por abajo y con México por arriba, está empujando a los narcotraficantes a poner sus laboratorios y sus centros de distribución en Centroamérica. De hecho, Guatemala se está convirtiendo en un lugar de distribución de drogas prioritario en esa región del mundo.
11. Amelia Valcárcel: *Feminismo en el mundo global*, Madrid, Cátedra, col. Feminismos, 2008, p. 257.
12. Kate Millett: *Política sexual*, op. cit., p. 101.
13. Amelia Valcárcel: *Feminismo en el mundo global*, op. cit., p. 274.
14. Rita Segato: "Territorio, soberanía y crímenes de segundo estado: la escritura en el cuerpo de las mujeres asesinadas en Ciudad Juárez", en Serie Antropología, Brasilia, 2004, p. 4.
15. Kira Cochrane: "Guerra sin cuartel al feminismo", en *sin permiso* [http://www.sinpermiso.info/textos/index.php], julio, 2008.
16. María Xosé Queizán: *Anti Natura*, Santiago de Compostela, Xerais, 2008.
17. Rosa Cobo: "Globalización y nuevas servidumbres de las mujeres", Celia Amorós y Ana de Miguel (eds.): *Teoría feminista: de la Ilustración a la globalización*, tomo 3, Madrid, Minerva ediciones, 2005, pp. 265-300.
18. "La rebelión se llama Eufrosina Cruz", *El País* (España), 10 de febrero de 2008.
19. Manuel Castells: *La era de la información. Economía, sociedad y cultura*, vol. 3, en *Fin de Milenio*, Madrid, Alianza Editorial, 1997, p. 221.
20. Sergio González Rodríguez: *Huesos en el desierto*, Barcelona, Anagrama, 2002, p. 67. Véase asimismo el interesante análisis de las prácticas de la mafia y su introducción en los estados por parte de Misha Glenny: *Mcmafia*, Argentina, Destino, 2008.
21. Manuel Castells: *La era de la información. Economía, sociedad y cultura*, op. cit., p. 160.
22. Manuel Castells: "Epílogo", en Pekka Himanen: *La ética del hacker y el espíritu de la era de la información*, Madrid, Destino, 2001, p. 185.
23. Celia Amorós: *Mujeres e imaginarios de la globalización*, Rosario (Argentina), Homo Sapiens Ediciones, 2008, pp. 42-43.
24. Sergio González Rodríguez: *Huesos en el desierto*, op. cit., p. 52.

25. Sergio González Rodríguez: *op. cit.*, p. 159.
26. Julia Monárrez: *Trama de una injusticia. Feminicidio sexual sistémico en Ciudad Juárez, op. cit.*, p. 284.
27. Dina Fernández: "Un vídeo sacude Guatemala", *El País*, 3 de junio de 2009.
28. Véase Jill Radford y Diana Russell (eds.): *Femicide: The politics of Woman Killing*, Nueva York, Twayne, 1992, y el más reciente Diana Russell y Roberta Harmes (eds.): *Femicide in global perspectiva*, Nueva York, Theacher Collage Press, 2001.
29. Sergio González Rodríguez: *op. cit.*, p. 33.
30. Julia Monárrez: *op. cit.*, p. 282.
31. Kate Millett: *op. cit.*, p. 103.
32. Celia Amorós: *Mujeres e imaginarios de la globalización, op. cit.*, pp. 229-230 y ss.
33. Los análisis de Marcela Lagarde son muy relevantes a este respecto: "Feminicidio" [http://ciudaddemujeres.com/articulos/feminicidio] 2006.
34. Celia Amorós: *La gran diferencia y sus pequeñas consecuencias... para las luchas de las mujeres*, Madrid, Cátedra, col. Feminismos, 2005. Véase el capítulo 2.
35. *Proyecto de Informe del Parlamento Europeo 2004-2009*. Punto nº 7, 2007.
36. Véase a este respecto el artículo de Cristina Justo Suárez: "Políticas de control y mutilación sobre los cuerpos de las mujeres", en *Debats* (Valencia), 2008.
37. Bénédicte Manier: *Cuando las mujeres hayan desaparecido, op. cit.*, p. 20.
38. Bénédicte Manier: *op. cit.*, p. 130.
39. Manuel Castells: *La era la información. Economía, sociedad y cultura*, vol. 3, en *Fin de Milenio, op. cit.*, pp. 228-233.
40. Sophie Bessis: *Los árabes, las mujeres, la libertad*, Madrid, Alianza Editorial, 2008, p. 15.
41. Sophie Bessis: *Occidente y los otros. Historia de una supremacía*, Madrid, Alianza Ensayo, 2002. Véanse especialmente los dos primeros capítulos.
42. Drucilla Cornell: *En el corazón de la libertad. Feminismo, sexo e igualdad*, Madrid, Cátedra, col. Feminismos, 2001. Véase el capítulo 5.
43. Celia Amorós: *Mujeres e imaginarios de la globlación, op.cit.*, p. 293.
44. Véase el excelente libro de Fadela Amara y Silvia Zappy: *Ni putas ni sumisas*, Madrid, Cátedra, 2005.
45. Alda Facio: "Un nuevo paradigma para eliminar la violencia contra las mujeres". Trabajo inédito.
46. Véase el artículo de Luisa Posada Kubissa, "Mujeres, violencia y crimen globalizado". Inédito.

CAPÍTULO 5
ESTRATEGIAS FEMINISTAS PARA EL SIGLO XXI

En este capítulo exploraré, parafraseando a Gloria Anzaldúa, los nuevos rostros que estamos creando las feministas a partir de las luchas, defensivas y ofensivas, que estamos protagonizando en casi todo el mundo. En anteriores capítulos reflexioné sobre distintas violencias contra las mujeres en el marco de la globalización y bajo una agresiva reacción patriarcal, pero es estratégicamente necesario relatar la historia que está sin contar y que los medios de comunicación silencian: nuestras luchas, nuestras resistencias, nuestros debates, nuestros encuentros, nuestras razones... Y, sobre todo, cómo suturar nuestras heridas.

En realidad, ciertas formas de violencia contra las mujeres sobre las que he argumentado en capítulos anteriores —la económica, la cultural y la sexual— son antiguas: la explotación económica y sexual o la opresión cultural han sido hechos constantes en la historia de las mujeres. Sin embargo, el mundo en el que se están desarrollando las antiguas violencias es un mundo nuevo, marcado por la globalización. Este nuevo marco hace que formas clásicas de violencia contra las mujeres se conviertan en nuevas formas de agresión patriarcal. Por un lado, las estructuras e instituciones políticas, económicas, sociales y culturales que se conformaron en la Modernidad están en pleno proceso de transformación. Por otro, también las propias estructuras patriarcales se han modificado a causa de los cambios sociales y de las interpelaciones políticas que las mujeres han planteado a las estructuras políticas masculinas. Ese conjunto de transformaciones ha dado lugar a nuevos entramados institucionales y también a inéditos fenómenos sociales, entre los que hay que identificar nuevas formas de violencia de género.

Es necesario advertir, sin embargo, que esos cambios se están produciendo en varias direcciones: tanto en las estructuras materiales como en las simbólicas. Y tanto en las estructuras de dominio como en las de subordinación. Y de ese conjunto de transformaciones están surgiendo tanto valores y estructuras opresivas como liberadoras. En los capítulos anteriores he examinado la producción de realidades materiales y simbólicas opresivas para las mujeres. Sin embargo, en este capítulo quisiera plantear algunas que han contribuido a crear las condiciones para que las mujeres puedan cuestionar críticamente las estructuras de subordinación.

Entre los nuevos procesos que se han gestado en las últimas décadas en nuestras sociedades —tanto en los países del Sur como en los del Norte— cabe señalar uno que facilita que las mujeres amplíen sus espacios de libertad: la entrada de las ideologías de la igualdad entre los sexos y la de los derechos humanos en el imaginario colectivo. La irrupción de estas ideologías y de estos valores, demasiado periféricos aún en el centro simbólico social, puede interpretarse como un efecto de la fuerza del feminismo radical de los años setenta. Las feministas radicales mostraron y denunciaron la política sexual del patriarcado. Y con esta práctica política movilizaron las conciencias de muchas mujeres y llevaron al escenario social y político la desigualdad de género. Politizaron la subordinación de las mujeres y, al hacerlo, contribuyeron activamente a que años después se introdujeran estas cuestiones en las agendas políticas de los estados y de los gobiernos.

Siguiendo este análisis, es plausible sostener que la conquista de derechos de muchas mujeres en distintas partes del mundo, la ampliación de sus esferas de libertad y el aumento de su conciencia de subordinación han alertado las antenas patriarcales. El miedo a la pérdida de privilegios y el temor a compartir recursos y poder han inquietado al mundo masculino y han favorecido el rearme ideológico del patriarcado. Los sectores más intolerantes y fanáticos de ese mundo se han aliado a su vez con los clanes masculinos más duros de otras dominaciones (racial, cultural y capitalista) y la suma de esas fuerzas ha desencadenado un verdadero proceso de reacción patriarcal. Las visiones más conservadoras y rígidas del patriarcado viven con la mentalidad de la guerra fría. No pueden pensar en las mujeres en términos de igualdad, sino de dominio. Y en la vida cotidiana trasladan esa mentalidad produciendo microconflictos en la vida de pareja y familiar cuando las mujeres quieren hacer uso de su autonomía. ¿De qué manera podemos las mujeres feministas responder a este silencioso, pero efectivo rearme ideológico y material del dominio patriarcal?

La respuesta, parcial e insuficiente, es el núcleo de este capítulo y al tiempo ha sido el hilo conductor de este libro. Sin embargo, antes de intentar responder a este interrogante es necesario advertir que las feministas no podemos concentrar todos nuestros análisis en la dominación. Los tres primeros capítulos son un apunte sobre los rostros más sistémicamente perversos de la dominación masculina. Y sobre cómo el dominio sexista establece relaciones fusionales con otras dominaciones. En este capítulo intentaré mostrar la otra cara de la dominación, la de las luchas de las mujeres por su emancipación. Los caminos de la libertad no aparecen solos: los fabrican los oprimidos. Por ello, hay que construir discursos que no nos envuelvan en la impotencia y en el pesimismo político, discursos que nos conduzcan a la acción y al empoderamiento colectivo. Mostrar los otros rostros, los de la lucha creadora, frente a la reacción patriarcal es un imperativo estratégico. Visibilizar la historia de nuestras resistencias, las activas y las pasivas, es la condición de posibilidad de nuestra supervivencia como movimiento. Y por eso debemos extraer lecciones de nuestros éxitos y de nuestros fracasos e igualmente debemos investigar los procesos que nos llevaron a esos lugares. Como tan inteligentemente ha señalado Lidia Cirillo, es necesario hacer pedagogía de nuestra historia[1].

LA MEMORIA HISTÓRICA DE LAS LUCHAS FEMINISTAS: LA HISTORIA NO CONTADA

A lo largo de la Modernidad, el feminismo ha protagonizado luchas épicas, aunque no hayamos tenido la fuerza suficiente para construir nuestra propia épica, al modo en que fabricó su propio relato el pueblo judío o la comunidad negra. Las feministas no hemos generado tanta simpatía ni solidaridad como lo han hecho otros grupos oprimidos. Sin embargo, sobre nuestras espaldas recaen algunas de las ampliaciones más memorables de la democracia y algunas luchas que han desembocado en la creación de derechos. Pero no sólo eso, puesto que las feministas hemos fabricado nuevas formas de hacer política, pacíficas y eficaces, y hemos tomado como herramienta central la palabra. La persuasión y la argumentación han sido los instrumentos más constantes de las feministas a lo largo de la historia. También lo ha sido la presión política, pero siempre de forma pacífica y con una encomiable vocación de consenso. Por supuesto que esto no se debe a que las mujeres tengamos una naturaleza singular que nos empuja a la empatía y a los cuidados. Probablemente su origen esté en nuestra historia, pues, al haber sido expoliadas de los recursos militares, económicos, políticos, culturales, de autoridad, de empoderamiento personal y de autonomía, sólo nos ha quedado, como diría el poeta Blas de Otero, la palabra[2]. Y en eso seguimos: con la palabra; pero también con la experiencia histórica de saber que la palabra es más eficaz si va acompañada de la acción política.

Sin embargo, no puede haber relato épico si no reconstruimos nuestra memoria histórica, si no traemos al presente los acontecimientos memorables que nutren la historia de las luchas de las mujeres. Traer al presente nuestra historia es la prueba de que no somos unas recién llegadas[3]. El pasado proporciona legitimidad a cualquier colectivo que lucha por sus derechos. Y las mujeres tenemos pasado y hemos hecho historia: tres siglos de luchas de muchas mujeres han dado como resultado uno de los movimientos sociales más democratizadores de la sociedad. Los procesos democratizadores que introduce la lucha feminista en la sociedad calan en lo más hondo: la naturalización de la subordinación de las mujeres es tan intensa que cualquier proceso de desnaturalización de esa opresión afecta a los cimientos de la democracia.

¿Cómo no contar el mundo de las luchas de las mujeres de la Revolución francesa, que reivindicaron el acceso a la ciudadanía, que lucharon por sus precarios espacios de supervivencia económica y exigieron acceder al mundo de la cultura? ¿Y el de las sufragistas, que lucharon por el voto, por la titularidad de la propiedad, por el acceso al trabajo y a la educación? ¿Y el de las mujeres de los años setenta del siglo XX que anhelaron fabricar con los varones un mundo nuevo y descubrieron que los varones no aspiraban a tener compañeras de primera, sino de segunda? ¿Cómo olvidar ese mundo de mujeres que han luchado por dejar de ser consideradas ciudadanas de segunda o de tercera, esas mujeres que resisten, ofensiva o defensivamente, para conservar o para conseguir nuevos recursos y derechos? Un mandato imperceptible y difícil de identificar ha calado hondo en las sociedades patriarcales hasta el punto de construir un espeso muro de silencio alrededor de la historia de las luchas de las mujeres. Por eso, precisamente, ese universo de vindicaciones políticas no está contado: esa parte de la historia debe ser omitida, no sea que algunas mujeres se reconozcan en ese relato y encuentren razones personales y políticas para sumarse a la gran batalla ética y política que es el feminismo. El mundo de las resistentes, luchadoras y combativas feministas no está contado, como tampoco se cuentan las acciones de muchas mujeres que, sin autocomprenderse a sí mismas como feministas, luchan por su autonomía y libertad. No hay relato épico posible en un mundo que "no existe".

Si bien la deslegitimación del conflicto social en las sociedades dominadas por el neoliberalismo es tan radical como para que en ocasiones, subterráneamente, se asocie en el imaginario colectivo la figura del conflicto social a la del terrorismo, en el caso de los conflictos de género la deslegitimación es más profunda. Desde muchas instancias ideológicas las mujeres feministas que luchan por sus derechos son deslegitimadas con etiquetas muy antiguas y recurrentes. A los individuos que protagonizan conflictos de clase se les reconoce como sujetos de un proyecto político subversivo o, en el peor de los casos, como portadores de desorden y resentimiento social. Pero a las mujeres que protagonizan conflictos de género se les niega que sean sujetos de su propio proyecto. Quien pertenece al ámbito de la naturaleza difícilmente puede liderar un proyecto político. La naturalización de las mujeres ha sido el medio idóneo para apartarlas del escenario político. Lo nuevo hoy es que a esa histórica naturalización de lo femenino hay que sumarle un nuevo proceso de renaturalización. Está en marcha una operación que tiene como objetivo impedir que las prácticas políticas de las mujeres sean consideradas como tales. Frente a la acción política feminista, los sectores patriarcales de la sociedad intentar resignificar esa práctica como un acto de revancha histórica destinado a robar a los varones su lugar en el mundo.

¿Cómo mostrar a nuestros hijos e hijas, a nuestros y nuestras contemporáneas, que es posible y deseable la lucha por la igualdad entre hombres y mujeres? ¿Cómo convencerles de que las historias colectivas no son el resultado del azar ni de la casualidad, sino de relaciones de poder entre opresores y oprimidos, de privilegios de unos y de luchas de otras para evitar la expoliación de recursos? ¿Cómo convencerles de que la historia no está escrita y de que no avanza azarosamente, sino que responde a las correlaciones de fuerza que existen entre opresores y oprimidos? ¿Cómo convencerles de que cuando las mujeres hemos dado luchas importantes hemos recogido, antes o después, los resultados de esas luchas? ¿Cómo hacer, entonces, pedagogía de nuestra memoria histórica? Debemos, pues, evitar que nos borren de los libros de historia. En definitiva, debemos ganar ámbitos de opinión pública.

Las mujeres feministas tenemos que crear una narrativa más compleja y minuciosa para así reconstruir la memoria histórica feminista con mayor exactitud. Tenemos que dar cuenta de todo lo que hacemos, de las batallas que emprendemos y de las que ganamos y perdemos. Debemos recuperar para nuestra historia los hechos, luchas y espacios de resistencia al dominio masculino que se han creado en el interior de otras narrativas (clase, raza, cultura...). Hay que rastrear historias silenciadas y suprimidas. Y no debemos desestimar ninguna estrategia metodológica ni política para reconstruir nuestro pasado y para influir en nuestro presente. Desde la recuperación de la historia oral de mujeres feministas que protagonizaron luchas, hasta el rastreo minucioso de la participación de mujeres en periódicos, boletines, revistas o cualquier otro medio a lo largo del tiempo. Traer esas historias es crear espacios para la acción en nuestro presente histórico. Visibilizar los espacios teóricos que hemos creado en las universidades y proteger la bibliografía que hemos construido es un paso imprescindible para la reconstrucción de nuestra memoria. La reconstrucción de nuestras luchas refuerza y legitima las vindicaciones feministas de hoy. Recuperar el pasado significa crear y consolidar el presente y ambas estrategias son imprescindibles en la construcción de espacios sólidos para la subjetividad política feminista y para la subjetividad y autonomía de las propias mujeres.

Las feministas tenemos que apostar por hacer política en la sociedad civil y en el poder político. Debemos emprender acciones en el corazón del poder y en los márgenes, en los poderes democráticos y en los fácticos; y en todos esos espacios la memoria ha de tener un peso significativo. Sin memoria no pueden entenderse nuestras acciones políticas, sean cuales sean, y sin memoria difícilmente podremos dar pasos adelante. ¿Sin la memoria de nuestras luchas y conquistas podremos proponer transformaciones sociales profundas? ¿Sin memoria alcanzaremos el estatuto de interlocutoras con otros sujetos colectivos en la sociedad civil, o con el poder político u otros poderes fácticos? Nuestra memoria colectiva debe presidir las acciones políticas que emprendamos en un mundo que parecer querer borrar los nombres de las dominaciones, pero no sus perversos efectos. Sólo desde ahí podremos empoderarnos colectivamente y conseguir respeto social.

EL MOVIMIENTO FEMINISTA

El feminismo no es un movimiento social surgido al calor de la revolución de mayo del sesenta y ocho. Por el contrario, tiene un sólido pasado de casi tres siglos, pleno de luchas por conquistar nuevos espacios de libertad e igualdad para las mujeres. Su fecha de nacimiento se remonta al siglo XVII, cuando François Poulain de la Barre[4], en el año 1673, publicó su libro *De l´égalité des deux sexes*, en el que sostenía que la subordinación de las mujeres no tenía su origen en la naturaleza, sino en la sociedad. Un siglo más tarde, las mujeres de la Revolución francesa se articularon políticamente para reclamar los derechos de ciudadanía que ya poseían los varones. En 1792, la inglesa Mary Wollstonecraft[5] publicó *Vindicación de los Derechos de la Mujer*, donde denunciaba que la sujeción de las mujeres no era el resultado de una naturaleza inferior a la masculina, sino de prejuicios y tradiciones que se remontaban a la noche de los tiempos. Estos textos, además de ser las actas fundacionales del feminismo, ponen de manifiesto que el género como construcción social, lejos de ser un hallazgo reciente, fue descubierto en la época ilustrada. Estas obras inauguran una tradición intelectual de impugnación moral de la sujeción de las mujeres y de lucha contra el prejuicio, y se inscriben en un discurso más amplio sobre la igualdad. La singularidad de estas reflexiones radica en que por primera vez en la historia del pensamiento moderno se habla —con el lenguaje de la época— de una desigualdad no tematizada hasta entonces, la de los géneros, y se señala la existencia de una estructura de dominación masculina como responsable de una de las desigualdades medulares de la sociedad moderna.

Desde estas primeras obras feministas hasta la actualidad, el feminismo ha interpelado moralmente al patriarcado y ha desarrollado acciones políticas diversas con el objetivo de desactivar este sólido sistema de dominación. El siglo XIX ha presenciado uno de los mayores movimientos de masas de la historia: el movimiento sufragista. Durante más de medio siglo las mujeres han luchado por el voto con todas las armas a su alcance, salvo la de la violencia. El sufragismo puso en práctica acciones políticas imaginativas, pero siempre pacíficas, que después han copiado otros movimientos sociales. A partir de los años sesenta, el siglo XX ha sido testigo de una tercera ola feminista de marcado carácter político. Este resurgimiento del feminismo ha impregnado las mentalidades, ha permeado valores sociales, ha trastocado los paradigmas dominantes de las ciencias sociales y ha obligado a algunos estados a implementar políticas de igualdad. Incluso algunos organismos económicos internacionales han financiado programas de ayuda específicos para frenar, entre otras cosas, la exasperante pobreza de las mujeres de los dos tercios pobres del mundo.

El feminismo, en su doble dimensión de movimiento social y de tradición intelectual, es uno de los efectos reflexivos de la Modernidad que más ha contribuido en los dos últimos siglos al progreso social y político porque ha democratizado aspectos decisivos de la sociedad en varios sentidos. De un lado, ha ensanchado los límites civiles, políticos, económicos y sociales de las democracias, al reivindicar para la mitad de la sociedad la ciudadanía social y política. Del otro, ha visibilizado aquellas cuestiones morales y existenciales reprimidas por las instituciones de la Modernidad patriarcal y las ha introducido en el debate público (aborto, sexualidad, reproducción o invisibilidad de la economía doméstica, entre otras). Este proceso de ampliación de la democracia ha sido posible porque el feminismo ha hecho de la lucha contra la discriminación y de las vindicaciones de igualdad los núcleos de su identidad[6].

El feminismo, desde su origen hasta su resurgimiento en los años setenta del siglo XX, se ha desarrollado como una crítica moral, política y antropológica a la dominación masculina. La igualdad ha sido el paradigma que ha articulado históricamente las vindicaciones feministas. Celia Amorós define el feminismo como "vindicación", entendiendo por tal una crítica política a la usurpación que han realizado los varones de lo que ellos mismos han definido como lo genuinamente humano. El género "vindicación" reclama la igualdad a partir de una irracionalización del poder patriarcal y una deslegitimación de la división sexual de los roles[7]. Por eso, el objetivo primero del feminismo es desvelar los mecanismos políticos, económicos e ideológicos que han convertido la diferencia anatómica entre hombres y mujeres en una diferencia política en clave de dominación y subordinación. El segundo de sus objetivos es demoler esas estructuras materiales y esos valores y creencias que hacen posible la reproducción de las sociedades patriarcales.

Ahora bien, como hemos intentado mostrar en el libro, el mundo que está en gestación es en parte nuevo y en parte viejo. En este mundo en transformación conviven nuevas y viejas instituciones, se han construido nuevas jerarquías y estratificaciones y se han conservado otras. En el interior de las antiguas estructuras sociales aparecen elementos nuevos y en las nuevas estructuras se reactivan mecanismos antiguos. Estamos siendo testigos de un momento histórico excepcional tanto por la magnitud de las transformaciones sociales como por los cambios de mentalidades. Por eso, lo nuevo se introduce en lo viejo y lo viejo en lo nuevo. Y es este hecho el que dificulta la identificación y el análisis de los nuevos cambios sociales.

Por eso, en una época en plena transformación el movimiento feminista debe reflexionar sobre su nuevo papel en un mundo globalizado, debe identificar las nuevas estructuras de poder patriarcal que se están creando y producir estrategias para conceptualizar y desactivar esos nuevos núcleos de dominio masculino. Las estructuras materiales y simbólicas de las sociedades patriarcales han cambiado y las respuestas feministas deberán cambiar en la misma medida. El feminismo del siglo XXI no será como el feminismo del siglo XX. Tendremos que reelaborar el discurso feminista para este siglo y convertirlo en plausible. Ahora bien, el feminismo que hagan las feministas en el futuro no puede edificarse sobre la negación de nuestra tradición y de nuestro pasado. No puede romper con la tradición intelectual feminista ni renegar de las luchas políticas feministas. La reivindicación de nuestra tradición, diversa y compleja, nos construye colectivamente como actor social y como sujeto colectivo: nos empodera.

Ahora bien: ¿cómo articular una subjetividad política feminista en un mundo que ya no es el mismo que el del siglo XX?

¿Cómo crear espacios de soberanía social, cultural y política en el interior de las sociedades patriarcales? La pregunta tiene varias respuestas, pero me interesa señalar una de las posibles, aquella que se centra en la necesidad de recrear y fortalecer el movimiento feminista. Los derechos de las mujeres —la ampliación de sus esferas de libertad y el aumento de sus niveles de igualdad— están estrechamente vinculados a la capacidad de movilización ideológica del feminismo y a la fortaleza de su estructura organizativa.

En los países europeos los derechos de las mujeres se han desarrollado mucho más que en otras regiones del mundo, hasta el extremo de que el movimiento feminista ha logrado entrar tímidamente en el imaginario colectivo y persuadir a la sociedad de la justicia de algunas de sus reivindicaciones políticas. Este hecho ha tenido efectos deseados, pero también algunos inesperados. En efecto, el feminismo ha tenido la fuerza suficiente como para convertirse en una masa crítica con cierta influencia en la opinión pública. Todo esto ha hecho posible que algunas pocas mujeres accedan al poder y que se hagan políticas públicas de igualdad de género. Sin embargo, no siempre las mujeres que acceden al poder son feministas; por el contrario, suelen ser una minoría aquellas que lo son. Ahora bien, el reducido grupo de mujeres que ha logrado entrar en los distintos ámbitos de poder no estaría ahí sin la presencia y la lucha de las mujeres feministas. Al mismo tiempo, el hecho de que las mujeres feministas que están en las estructuras de poder sean una minoría significa que no han podido ser ellas las que han obligado a las élites políticas patriarcales a diseñar y aplicar políticas de igualdad. Estos dos fenómenos sociales, las mujeres que están en espacios de poder y las políticas institucionales de género, se han convertido en realidades sociales porque el feminismo ha tenido la fuerza política y la legitimidad social suficientes para impulsar esas transformaciones sociales.

Y este proceso ha confundido a muchas de ellas, haciéndoles creer que el camino del poder político es la única vía para conseguir derechos para ellas. Sin embargo, las políticas institucionales de igualdad de género no se hubiesen creado si previamente no hubiese existido un movimiento feminista arraigado en la sociedad civil. Eso no quiere decir, en absoluto, que las políticas de igualdad de género no construyan espacios de igualdad entre las mujeres, lo importante es entender que sin movimiento feminista no hubiesen existido políticas de igualdad. Las políticas institucionales de género pueden reforzar la subjetividad política feminista, pero nunca constituirla, pues esas políticas se diseñan y aplican porque previamente han existido movilizaciones políticas e ideológicas feministas más o menos poderosas.

La conquista de derechos para las mujeres y la redistribución paritaria de recursos no pueden conseguirse sin un movimiento social con capacidad de movilización política y de hegemonía ideológica. Y, por supuesto, con toda la articulación organizativa que sea posible. Juntas, organizadas, pactando entre nosotras y con una agenda de mínimos es posible acceder al centro simbólico de la sociedad y también es viable conseguir transformaciones sociales. Primero es la sociedad civil y luego el poder político. El estado integra derechos y distribuye recursos siempre y cuando exista una articulación política vindicativa en la sociedad civil. El poder político asume las demandas de los colectivos oprimidos cuando éstos, con su presencia, interpelan a las instituciones políticas. A ningún grupo discriminado se le han regalado derechos ni se le han ofrecido recursos si previamente no se ha visibilizado políticamente y ha hecho notar su presencia política en la sociedad civil con programas reivindicativos y con argumentaciones éticas. Desde la sociedad civil se crean esos espacios sociales que harán posible la articulación de un imaginario político antipatriarcal. La experiencia nos demuestra la necesidad de fortalecer el movimiento social feminista, pues las políticas institucionales de género pueden ser suprimidas de un plumazo por mandatos fácticos, pero las articulaciones sociales no se pueden suprimir por decreto. La fortaleza de las políticas públicas se sostiene en una red de grupos sociales que, articulados, pueden actuar como un sujeto político colectivo.

La sociedad civil se configura en estos momentos de reacción neoliberal y de reacción patriarcal como el espacio más propicio para obligar al neoliberalismo y a los patriarcados a un cambio de rumbo. Es preciso cambiar la dirección de algunos movimientos económicos y políticos que caminan en la dirección de privar de soberanía a la sociedad. Algunos cambios se suceden ante nuestra mirada y aún no hemos tenido tiempo de contestar. La actuación por sorpresa ha sido la aliada principal de los dos grandes sistemas de dominio —capitalismo y patriarcado— que están empeorando la vida de las mujeres en casi todo el planeta.

La elaboración de un discurso feminista coherente, inclusivo y autónomo, presente en el espacio público, es la condición de posibilidad para un movimiento social que aspira a ser un actor colectivo con capacidad de intervención en la sociedad. Señala Carole Mueller que las identidades colectivas cobran existencia autónoma cuando se hacen públicas a través de algunos medios que emplea el movimiento para mostrarse a la gente y así explicar el significado de sus acciones: manifiestos, programas, conferencias de prensa, artículos en periódicos y revistas...[8] A través de estos mecanismos primero se hace pública, y después se renueva, una identidad colectiva con potencial influencia política. Y es que, a pesar de que la cuestión feminista se ha convertido en un tema cotidiano, pues los diferentes medios de comunicación lo tratan con frecuencia, es necesario que las mujeres feministas construyamos un espacio discursivo para que las cuestiones que nos afectan no sean distorsionadas. Las mujeres hemos podido comprobar en demasiadas ocasiones que los espacios discursivos están codificados por género. Los medios de comunicación destacan muy a menudo cuestiones relativas a las mujeres, desde su infrarrepresentación política hasta su precaria inserción en el mercado laboral, desde la frecuencia de los malos tratos hasta el acoso sexual, pero casi nunca realizan interpretaciones verosímiles de esas noticias. Mueller sostiene que cuando las identidades colectivas se visibilizan y se hacen autónomas están sujetas a los intentos de distorsión y marginalización por parte del estado, los medios de comunicación y los contramovimientos[9].

Ahora bien, puede existir un discurso feminista que ocupe un espacio en el centro simbólico de la sociedad y un movimiento social con capacidad de movilización, pero que al mismo tiempo carezca de canales políticos o instituciones para concretar las políticas feministas. El discurso feminista puede alcanzar grados razonables de hegemonía ideológica y de movilización política y, sin embargo, carecer de capacidad para abrir oportunidades políticas[10]. Por lo tanto, es imprescindible un discurso feminista sólido, claro y preciso, que surja del corazón de un movimiento social arraigado en la sociedad civil. Al mismo tiempo, este movimiento, para ser eficaz, debe articularse sobre una red de asociaciones organizativamente articulada. Dicho en otros términos, sin marco organizativo es muy difícil que el movimiento pueda sobrevivir largos periodos a los avatares de las sociedades patriarcales. Igual que el movimiento feminista necesita al poder político, y viceversa, el movimiento necesita una estructura formal que preserve y represente la pluralidad ideológica y que garantice su eficacia política.

Los estudiosos de las organizaciones han verificado que la ausencia de estructuras formales aboca a los grupos a la formación de redes informales y conduce invariablemente a la institucionalización del elitismo[11]. Los grupos que se aferran a la ideología de la "falta de estructuras" son más fácilmente susceptibles de ser acaparados por un grupo de militantes no elegidos para ello y cuya existencia se ha configurado informalmente. Estos grupos corren el riesgo de caer en la arbitrariedad. Como señala Freeman, "contar con un procedimiento fijo para tomar decisiones garantiza, hasta cierto punto, la participación de todos y cada uno de los miembros"[12].

Las dos condiciones de posibilidad en la construcción de un sujeto político colectivo son: en primer lugar, tener un discurso político sólido y atento a las creaciones de nuevos mecanismos de poder y nuevas argumentaciones ideológicas de los sistemas de dominio patriarcal y, en segundo lugar, crear estructuras formales democráticas, participativas e incluyentes. Sin marco normativo y sin marco organizativo los sujetos colectivos no suelen perdurar en el tiempo, y por ello su influencia suele ser menor que las posibilidades que hubiesen tenido de influir en la sociedad y en el poder político de haber perdurado mucho más tiempo.

PACTOS Y ALIANZAS ENTRE MUJERES

Nuestro pasado nos muestra que las luchas colectivas suelen dar resultados si nos organizamos políticamente. Lo cierto es que a más articulación política, mejores resultados obtenemos. Debemos pactar con nuestras diferencias, con nuestras agendas específicas, con nuestra adscripción ideológica: el pacto es la base de la política. Y el feminismo es un proyecto político. La lucha feminista es una lucha política que tiene como objetivo desactivar la política sexual del patriarcado. Lucha, política y pactos son las palabras fundamentales del diccionario feminista. Pero las preguntas clave son con quién pactamos y qué pactamos. Y para eso es fundamental salir de esta situación de discusiones intrafeministas endogámicas y luchas por el relevo generacional que están teniendo lugar en el feminismo. Un paradigma intelectual tan poderoso teóricamente y un movimiento social tan transformador como es el feminista es lógico que esté atravesado de discusiones políticas y estratégicas, como también debería serlo que los espacios que construyamos sean flexibles, incluyentes y plurales. Las diferencias políticas, estratégicas, generacionales o culturales no pueden ser excusa para la inacción. El campo de lucha no pueden ser los espacios feministas y las contendientes no pueden ser unas feministas contra otras. Las feministas no podemos eludir la responsabilidad histórica del momento que nos ha tocado vivir y el objetivo de nuestra lucha no está en otras feministas y otros feminismos, sino en los sistemas patriarcales que nos privan de recursos y de derechos.

Desterrar de nuestra política actitudes sectarias es el punto primero del decálogo estratégico y ético feminista. Por eso mismo tenemos que mirar fuera: Occidente no puede ser el principio ni el final de nuestra política. Ni la situación de las mujeres occidentales puede ser la medida de nuestro proyecto político ni sobre nuestras necesidades e intereses —el de las occidentales— podemos diseñar la agenda feminista. La elaboración de esta agenda, sin duda, será compleja, pero no puede prescindir de la existencia de nuevos fenómenos sociales que tienen un carácter marcadamente patriarcal. El feminicidio, la industria de la prostitución, la selección prenatal para impedir el nacimiento de niñas en Asia y la feminización de la pobreza tienen que estar presentes en esta agenda. De igual modo deben estarlo la industria de las maquilas, la conquista de derechos civiles y políticos como el derecho a la titularidad de la propiedad, por poner un ejemplo, distintas tradiciones "culturales" y diversas prácticas religiosas, entre otros, también deben tener presencia ahí. Y, desde luego, las feministas del tercio rico del mundo no podemos pensar en una agenda al margen del 70 por ciento de las mujeres de los dos tercios pobres del mundo.

El feminismo, si aspira a volverse socialmente hegemónico y ganar espacio en el centro simbólico de la sociedad, debe apoyarse en una amplia red de pactos entre mujeres como muestra de su carácter inclusivo y señal de su eficacia política. Razones estratégicas, y en ocasiones de supervivencia política, empujan a los colectivos oprimidos a articular sus luchas específicas en alianza con otros colectivos subordinados y a establecer vínculos entre sí. El feminismo tiene que desarrollar una estrategia de vínculos con grupos de mujeres que no se autocomprenden a sí mismas como feministas con el fin de realizar acciones políticas concretas. Como señala Hobson, la construcción de una identidad feminista puede contribuir a la constitución de electorados, a la creación de una nueva conciencia feminista entre las mujeres y a su conversión en un actor social clave en las sociedades actuales. El reto del feminismo es crear una conciencia colectiva entre las mujeres, entre aquellos sectores sociales y grupos políticos con quienes establezca alianzas y entre la población en general.

El objetivo de los pactos entre mujeres debe ser la construcción de un espacio político feminista. Como señala Celia Amorós, no se trata sólo de tomar la palabra en el espacio público —lo que es fundamental—, se trata también de lo que se dice en él[13]. Este espacio político feminista sólo puede crearse mediante pactos entre mujeres. A las redes masculinas de poder, las formales y las informales, debemos oponer los pactos entre mujeres: "O aprendemos a hacer pactos y a soldar ladrillos en los espacios fuertemente estructurados de la vida política y social o nuestra historia seguirá siendo la del muro de arena. Salimos de forma intempestiva por donde oscuramente entramos sin dejar rastro... sin registro de entrada o de salida"[14]. A pesar de la complejidad de los intereses ideológicos que separan a las mujeres, hay que construir una identidad colectiva feminista fuerte, y a la vez integradora de las diferencias entre las mujeres, que persuada al estado y a la sociedad de que hay que realizar repartos de poder paritarios.

La experiencia de la *bancada* femenina de Uruguay en los diez últimos años es una experiencia muy interesante y un ejemplo de cómo se pueden realizar los pactos entre mujeres. En efecto, en la legislatura del año 2000 varias diputadas de distintos partidos que habían trabajado con anterioridad en cuestiones de género en política municipal y nacional decidieron introducir legislación con perspectiva de género y firmarla conjuntamente. Este trabajo colectivo de diputadas con distintas orientaciones ideológicas, impulsado por la senadora Margarita Percovich, llamó la atención de la opinión pública, impresionó a los parlamentarios y obtuvo apoyo social.

Por supuesto, este pacto cogió por sorpresa a los varones de los partidos políticos. Las direcciones de los partidos no conocían el trabajo que venían haciendo estas políticas junto a las organizaciones de mujeres de la sociedad civil y a las académicas de la universidad. Hay que remontarse al año 1985 para entender este proceso, pues fue entonces cuando las mujeres de distintos partidos pactaron una agenda común. Los contenidos de este pacto fueron educación no sexista, educación sexual en el currículum educativo, lenguaje no sexista, anticonceptivos completos en la atención primaria de salud o inclusión de la violencia en todos los programas de capacitación de los funcionarios del estado (docentes, médicos, policías, abogados, jueces y fiscales), entre otros; también acordaron la no discriminación en el trabajo, la modificación de los delitos sexuales en el Código Penal y las modificaciones del Código Civil sobre Familia. Sin embargo, nunca pudieron acordar con las mujeres del Partido Nacional, de gran raigambre católica, la despenalización del aborto. Pese a todo, lograron el apoyo de muchos diputados y avanzaron en la legislación basada en la perspectiva de género. Señala la senadora Margarita Percovich[15] que, cuando se comenzaron a concretar las leyes, vino el *backlash*. La conclusión más significativa a la vista de la historia de nuestras luchas y de nuestras conquistas es que, frente a la reacción patriarcal, las alianzas y los pactos entre mujeres son la mejor alternativa.

INTERPELACIÓN POLÍTICA A LAS ÉLITES PATRIARCALES

Es necesario mostrar algunas luchas políticas de mujeres que están sucediendo en otras partes del mundo y que pueden ser fuente de inspiración para crear estrategias con vistas a construir una agenda feminista global. En un momento de reacción patriarcal y neoliberal tan profundamente marcado, en el que estamos más ocupadas en defender e intentar no perder lo que hemos conseguido que en conseguir nuevos derechos, parece lógico que miremos hacia atrás, que hagamos un ejercicio de recuperación de nuestra memoria histórica.

El siglo XIX presenció uno de los mayores movimientos de masas de la historia, el movimiento sufragista. Durante más de medio siglo las mujeres lucharon por el voto con todas las armas a su alcance, salvo la de la violencia. El sufragismo puso en práctica acciones políticas imaginativas, pero siempre pacíficas, que después han copiado otros movimientos sociales. El movimiento sufragista en EE UU empezó su lucha por el voto en 1848. Un pequeño grupo de mujeres de todo el país se reunió en Seneca Falls, en el estado de Nueva York, y desde ese momento fundacional pelearon incansablemente por el sufragio de las mujeres. Tras casi medio siglo de lucha política, un grupo de mujeres sufragistas, al ver que no se les concedía el voto y tras solicitar reiteradamente el derecho al sufragio al presidente demócrata Thomas Woodrow Wilson sin resultados positivos, tomaron la decisión de manifestarse y pedirle cuentas al presidente estadounidense. Aquellas mujeres iniciaron una decidida campaña de interpelación política directa al presidente del país y pusieron sobre la mesa las contradicciones entre el discurso político demócrata y la postergación del derecho al sufragio de las mujeres. Esta interpelación política en forma de manifestaciones, desfiles y mítines fue criticada por mujeres feministas que pertenecían al partido demócrata. A estas sufragistas demócratas no les parecía suficientemente importante el derecho al voto frente a la tragedia que significaba la Primera Guerra Mundial y por ello mismo tampoco les parecía oportuna la idea de interpelar pública y políticamente al presidente demócrata con el argumento de que eso podría favorecer al partido republicano. Y, sin duda, esas mujeres eran unas convencidas sufragistas y unas tenaces defensoras de los derechos de las mujeres. Sin embargo, aquellas que consideraron que el derecho al voto no podía supeditarse al problema nacional que era la guerra ni a otros prejuicios disfrazados de grandes problemas políticos formaron el Partido Nacional de la Mujer y siguieron luchando por el derecho fundamental de la democracia. La historia demostró que tenían razón. Su tenacidad en la acción política movilizó a más mujeres y agitó nuevas conciencias, y ésa fue la base de un éxito político que hoy sabemos que fue el de todas las mujeres. Es cierto que fueron acusadas de traidoras, de dogmáticas, de hacerle el juego a los sectores más conservadores del país, pero acertaron en la estrategia de anteponer sus derechos en lugar de subordinarse a los ajenos.

Pero veamos el otro rostro de esta lucha, el de las razones de los demócratas: el presidente Wilson pedía paciencia una y otra vez a las sufragistas demócratas con el argumento de que tenían razón, pero que no era el momento adecuado, porque la opinión pública no estaba a favor del voto para las mujeres. Argumentaba que esa opinión pública podía castigar electoralmente al partido demócrata. Sin embargo, cuando las militantes del Partido Nacional de la Mujer se convirtieron en un problema político para el prestigio del ideario demócrata del presidente, éste no tuvo más remedio que vencer sus prejuicios y sus miedos y aceptar de mala gana la defensa de ese derecho de ciudadanía. Y no pasó nada: ni la sociedad se quebró ni las mujeres se convirtieron en arietes del desorden social. Eso sí, la democracia norteamericana ganó en legitimidad, amplió su base ciudadana al extender el derecho al voto a la mitad de la sociedad. Todo fueron ganancias: lo que en un principio fue una amenaza para los sectores más conservadores y reaccionarios de la sociedad, poco después fue asumido por esos mismos sectores. De esa forma la democracia se fortaleció y adquirió una mayor dimensión moral.

De todas estas experiencias históricas debemos extraer algunas enseñanzas, por ejemplo: los objetivos políticos de las mujeres no deben subordinarse a los objetivos políticos de cualquier otro grupo social. En efecto, como señaló Marx con gran lucidez, cada colectivo oprimido tiene que construir las condiciones de su propia liberación. Y, como señala Lidia Cirillo, la madurez política de un colectivo oprimido se consigue cuando adquiere autonomía política y organizativa. Es decir, cuando se despega de otros colectivos marcados por la desigualdad con los que en algún momento ha tenido relaciones de dependencia y ese hecho le ha restado capacidad de maniobra política y estratégica. En definitiva, cuando construye su propio proyecto político. La autonomía político-estratégica y los principios ideológicos son la condición de posibilidad de la existencia de un movimiento político. Las mujeres sufragistas norteamericanas ganaron cuando crearon su propia estrategia política y su movimiento organizado autónomo. De todo ello salió una acción política que las condujo al éxito político.

Más recientemente, en Uganda, en el año 1998, en el debate sobre la Ley de Tierras se produjo un conflicto en relación a la copropiedad de la tierra entre hombres y mujeres. Para entender este conflicto hay que recordar que en este país africano, como en otros muchos de África, Asia o América, una gran parte de la población depende directamente de la tierra para la supervivencia. Por eso el acceso desigual a la tierra es la forma más importante de desigualdad económica entre hombres y mujeres. No se puede entender este conflicto si no conocemos algunos datos: las mujeres aportan entre el 70 y el 80 por ciento de la fuerza de trabajo agrícola y el 90 por ciento de toda la fuerza de trabajo en la industria de producción alimentaria, pero sólo son propietarias de un 7 por ciento de la tierra. Además, "en general, ellas son las responsables de mantener a la familia y, por tanto, es un asunto vital contar con el acceso a la tierra. Pero las mujeres dependen de los hombres para acceder a ella. Es más, las mujeres que no tienen hijos, que son viudas, incapacitadas, viejas, separadas o divorciadas, o que solamente tienen hijas, suelen tener poco o ningún acceso a la tierra, al no poder ni siquiera depender de un hombre para conseguirla"[16].

Desde el año 1996 el presidente del país, Museveni, los ministros y casi todos los parlamentarios iniciaron una campaña contra la copropiedad de la tierra. Como no era fácil argumentar que las mujeres no debían tener acceso a ella, cuando eran las que la trabajaban, no les quedó más remedio que acudir a los grandes aliados históricos de los varones: la "tradición" y la "costumbre". Frente a esta poderosa fratría masculina, el movimiento de mujeres, las ONG más influyentes y algunos parlamentarios varones defendieron la copropiedad entre hombres y mujeres. No obstante, la popularidad del presidente Museveni dependía de la solución que se diese a este conflicto: "El movimiento de mujeres y, en general, las mujeres habían dado un apoyo extraordinario al presidente Museveni y a su régimen gracias a sus políticas antisectarias y en pro de las mujeres"[17]. El aspecto más importante de este conflicto, desde un punto de vista feminista, es que cuando el presidente se pronunció contra el derecho de la mujer a ser copropietaria de la tierra, se produjeron reacciones por parte de muchas mujeres: "A principios del año 2000 las organizaciones femeninas amenazaron con retirarle su apoyo e hicieron campañas para que las mujeres votaran en contra del Movimiento de Museveni"[18]. Esta lucha unió a muchas mujeres que inicialmente nunca se hubiesen unido para dar esta batalla. Aun así y todo, los resultados de esta lucha fueron ambiguos, pero se comprobó que la alianza entre mujeres funciona y que las feministas tienen que interpelar al poder político y a todas las estructuras de poder sexistas. En efecto, en ese momento las mujeres no consiguieron la copropiedad de la tierra, pero la lucha política por alcanzar ese objetivo puso las condiciones para que se uniesen en torno a esa reivindicación política. Y creció su fuerza y su capacidad de agencia colectiva.

Y de aquí se extraen por lo menos dos conclusiones: la necesidad de establecer pactos y alianzas estratégicos entre las mujeres y la interpelación al poder político.

IZQUIERDA Y FEMINISMO: NI JUNTOS NI SEPARADOS

Desde sus comienzos en el siglo XIX hasta ahora, la historia de la izquierda y del feminismo es la historia de un "matrimonio mal avenido". La historia de esta relación no hace otra cosa que continuar la tortuosa y a la vez esquizofrénica relación que comenzó en el siglo XVIII entre un feminismo recién nacido y un pensamiento ilustrado y revolucionario que se reclamaba de la igualdad. Tanto la izquierda sindical y política como el feminismo comparten un mismo origen ideológico y cronológico. Su origen ideológico es el principio político y ético de la igualdad y su común cronología es el siglo XVIII, ese momento histórico en el que se alumbran las ideas de igualdad, tanto en clave liberal de Locke como en clave de crítica a la desigualdad económica de Rousseau. Tanto la izquierda como el feminismo se vincularon a la idea de igualdad rousseauniana, es decir, a una concepción de la igualdad en la que la crítica no se agota en la desigualdad política, sino que continúa en la desigualdad económica.

En el siglo XVIII la idea de igualdad se irá construyendo lentamente como el principio político articulador de las sociedades modernas y como el principio ético que propone que la igualdad es un bien en sí mismo y hacia el que deben orientarse todas las relaciones sociales. La idea de igualdad reposa sobre la de universalidad, que a su vez es uno de los conceptos centrales de la Modernidad. Se fundamenta en la idea de que todos los individuos poseemos una razón que nos empuja irremisiblemente a la libertad, que nos libera de la pesada tarea de aceptar pasivamente un destino no elegido y nos conduce por los sinuosos caminos de la emancipación individual y colectiva. La universalidad abre el camino a la igualdad al señalar que de una razón común a todos los individuos se derivan los mismos derechos para todos los sujetos. El universalismo moderno se fundamenta en una ideología individualista que defiende la autonomía y la libertad del individuo, emancipado de las creencias religiosas y de las dependencias colectivas.

El paradigma de la igualdad es la respuesta a la rígida sociedad estamental de la Baja Edad Media. Defiende el mérito y el esfuerzo individual y abre el camino a la movilidad social. Y no sólo eso, pues también fabrica la idea de sujeto e individuo como alternativa a la supremacía social de las entidades colectivas que eran los estamentos. Esta potente idea ética y política es asumida por algunas mujeres en sus discursos intelectuales y en sus prácticas políticas a partir del siglo XVIII. El resultado de todo ello es la construcción de un incipiente feminismo que se alejará de la queja como elemento central del "memorial de agravios" y asumirá la "vindicación" como la médula política básica del discurso feminista[19].

¿Qué característica comparten el feminismo y la izquierda desde su gestación como dos ideologías transformadoras de la realidad social? Ambas ideologías se inscriben en la tradición de pensamientos críticos porque ambas persiguen el objetivo de transformar emancipatoriamente la realidad social, en el sentido de desactivar un sistema de dominación. Ambos pensamientos analizan la sociedad en clave de sistemas de dominio. La izquierda estima que existe un sistema de dominación económica que coloca a quien no posee los medios de producción en una posición de explotación. Por su parte, el feminismo cree que hay otro sistema de dominio que precede y sobre el que se edifica el capitalismo, que es el patriarcado.

Y aquí es donde surge el desencuentro, pues mientras que la izquierda sindical y política, que se ha alimentado ideológicamente del marxismo, ha tenido la capacidad intelectual de identificar analíticamente la desigualdad económica como resultado de un sistema de dominación capitalista, nunca, aunque lo intentó, pudo identificar analítica y políticamente la desigualdad de género como resultado de un sistema de dominación patriarcal. El problema de fondo no es únicamente la incapacidad de la izquierda sindical y política para detectar la dominación patriarcal, sino la de identificar su posición explícita en esa dominación, pues una de las partes implicadas actúa como juez y parte al mismo tiempo, tal y como sostuvo ya en el siglo XVII François Poullain de la Barre.

O sea, ni juntos ni separados. Nos une un principio irrenunciable en estos oscurantistas tiempos de neoliberalismo, la igualdad, pero nos separa el hecho de que los defensores "oficiales" de la igualdad (partidos de izquierda y sindicatos) tienen una ceguera, respecto a la desigualdad de las mujeres, originada en su propio y esquizofrénico interés: quieren un mundo de iguales, pero en el que "ellas" sean un poco menos iguales, porque en su falta de igualdad radica el privilegio de "ellos". La izquierda quiere la igualdad de todos sobre la división sexual del trabajo, cuestión ésta que ha compartido históricamente con el liberalismo.

Sin embargo, quien se nutre ética y políticamente de la igualdad no puede argumentar que no desea la igualdad para la mitad de la humanidad, así que debe producir argumentos funcionales para desactivar las vindicaciones feministas de igualdad y la impugnación moral y política que ha realizado históricamente el feminismo sobre los varones. El argumento más repetido, y no por ello más flojo teóricamente, es que la desigualdad de clase es la "contradicción principal" y que la desigualdad de género, es decir, "la cuestión de la mujer", es una contradicción secundaria. En resumidas cuentas, desde el marxismo se nos ha repetido hasta la saciedad que cuando desaparezca la desigualdad económica desaparecerá la desigualdad de género. La idea recurrentemente repetida es que la emancipación de los trabajadores nunca dejaría fuera a las mujeres. Marx, Engels, Lenin o Trostki han esgrimido este argumento contra el feminismo. En los múltiples textos que se han escrito desde el marxismo sobre "el hombre nuevo" nunca se contempló la posibilidad de que los varones compartiesen poder y tareas domésticas con las mujeres, porque en el fondo del marxismo funcionó una concepción esencialista sobre ellas. No de una forma explícita, pero implícitamente siempre se reconoció a las mujeres una ontología que desembocaba necesariamente en los cuidados y en la domesticidad.

Sin embargo, las razones que han separado históricamente a la izquierda y al feminismo no han sido únicamente las originadas en cuestiones de interés patriarcal. Hay otras razones, de orden estratégico, que tuvieron su importancia en el siglo XIX, cuando el sufragismo se convirtió en un auténtico movimiento de masas. Y es que la izquierda siempre tuvo miedo a que el feminismo, como movimiento social, socavase las organizaciones de masas del movimiento obrero. Cuando el sufragismo en el siglo XIX y el feminismo en el siglo XX incorporaron vindicaciones políticas para las mujeres del mismo tipo que las que desarrolló la izquierda sindical y política, esta última tuvo miedo a que una parte de su militancia femenina se sintiese atraída ideológicamente por el feminismo. De ahí que la izquierda acusase al sufragismo de movimiento político burgués o, en el mejor de los casos, la etiquetase como un movimiento de "mujeres de clase media" para así deslegitimarlas como potencial representante político de las mujeres obreras.

El feminismo ha nacido al lado de aquellos movimientos[20] críticos que han contestado al poder y que han irracionalizado cualquier tipo de dominación. La igualdad y la crítica a los poderes hegemónicos sobre los que reposa la desigualdad ha sido el caldo de cultivo en el que se han gestado los diferentes movimientos feministas. De hecho, tal y como sostiene Lidia Cirillo, el feminismo de derechas, cuando existe —que existe poco—, "es sólo y siempre la recaída de un feminismo nacido en otro lugar... Desde el momento en que entre hombres y mujeres hay una relación de poder, puede ser contestada por lenguajes y lógicas que vuelven a poner en discusión órdenes jerárquicos... En el radicalismo político las mujeres han encontrado, así, los espacios en los que colocar sus peticiones y los lenguajes más capaces de representarlas. El feminismo ha hablado el lenguaje de la igualdad, el del movimiento para la abolición de la esclavitud, el de las tendencias protestantes democráticas o el del movimiento obrero, poniendo a los hombres en contradicción frente a sus valores y sus batallas políticas". Dicho en otros términos: las mujeres hemos avanzado solas durante siglos, pero en ocasiones hemos persuadido a los varones de la justicia de nuestras vindicaciones políticas. Así se consiguió el voto y así se han conseguido medidas políticas que hemos tenido que consensuar en gobiernos y parlamentos y que han proporcionado a las mujeres mayores espacios de libertad y de igualdad. El feminismo ha de construirse como un proyecto político autónomo, pero en sus entrañas no puede esconderse ningún tipo de segregacionismo con los varones. La universalidad ha sido un principio central del feminismo.

De modo que los pactos entre mujeres deben ir acompañados de pactos con aquellos sectores de varones que creen en la igualdad entre hombres y mujeres. Eso sí, esos pactos deben ser cuidadosamente examinados en sus cláusulas más invisibles, porque los varones, jueces y parte, aun a veces inconscientemente, intentarán conservar sus privilegios.

El feminismo se ha convertido por méritos propios en el mejor movimiento de la Modernidad: siempre utilizó la persuasión intelectual y, cuando participó en conflictos, éstos nunca revistieron formas de violencia. Otros movimientos no pueden decir lo mismo. Tenemos un pasado que es nuestra mejor carta de presentación para la acción política del presente. Y por ello estamos en las mejores condiciones para no dejarnos arrebatar la posibilidad de ser nosotras las legítimas herederas que escriben y reescriben los múltiples papeles con los que se reconstruye nuestra memoria histórica. Esto significa que no puede esbozarse ninguna nueva utopía política fuera de los límites del feminismo. Porque, todavía ahora, la razón y la persuasión son las herramientas que más civilizan a una sociedad y ése sigue siendo aún el instrumental del feminismo.

LA DOBLE MILITANCIA POLÍTICA

Y es que no se pueden soslayar las contradicciones de las mujeres feministas que militan en partidos políticos y en otros movimientos sociales. En efecto, esos partidos y esos movimientos sociales defienden intereses políticos que muchas veces entran en colisión con los objetivos feministas. Y otras veces coinciden con los intereses de esas mujeres. La posición de las mujeres feministas de los partidos y de los movimientos sociales es, ciertamente, muy complicada, porque su conciencia política se suele ver escindida entre unos y otros intereses.

El "qué hacer" ante la experiencia de tantas mujeres feministas y progresistas que tienen el "corazón *partío*" nos tiene que llevar no sólo a la reflexión, sino también a la acción. Este conflicto de lealtades presente como problema en nuestro movimiento no puede resolverse con la expedición de un *carnet* de más o menos feminista. O dicho en otros términos: no se puede aplicar un "feministómetro" cada vez que mujeres feministas expresan su lealtad política a sus grupos políticos de adscripción. Hay una gran variedad de razones por las que esas mujeres feministas priorizan otros programas políticos y es necesario explorarlas.

Las mujeres que militan en partidos políticos o en movimientos sociales suelen vivir con gran intensidad emocional la adhesión a su grupo de pertenencia. Y esa "entrega" emocional les puede llevar a priorizar otros intereses que no son feministas, e incluso que son antifeministas, en la creencia de que puede ser estratégicamente más útil esa opción. Otras veces se callan ante demandas políticas feministas porque sus partidos así se lo piden, a veces con promesas de que después de que ganen las elecciones introducirán esa demanda en su agenda política. A veces tienden a pensar que no es el momento oportuno de cierta reivindicación feminista, porque estiman que no tiene suficiente consenso social. En otras ocasiones, mujeres inequívocamente feministas optan por *su* legítima ambición política en el seno de su partido, tomando a veces decisiones que paralizan o silencian vindicaciones feministas.

Y la historia nos ha mostrado muchas veces que esas opciones no han sido las oportunas, porque han provocado escepticismo en las mujeres feministas respecto a los partidos y movimientos sociales y a las feministas que militan en ellos. Hay muchos ejemplos: no sólo el movimiento sufragista nos señala el camino del éxito a través de la continuada lucha feminista. Del mismo modo, cuando en el año 1997 el partido socialista francés introdujo la paridad en sus listas, hubo muchas voces masculinas y también femeninas en esa organización (y fuera, por supuesto) que clamaban contra la paridad. Años después, oímos rectificaciones de unos y otras. Por fin habían entendido la paridad como un paso necesario en la democratización de la sociedad.

Sin embargo, no creo que esto deba llevarnos a negar las convicciones políticas feministas de estas mujeres, sino a la reflexión. O, dicho en otros términos, las mujeres feministas que militan desde distintos espacios en el movimiento deben fabricar estrategias de afinidades, convergencias, pactos y alianzas con las mujeres de todo el espectro político y social. Si logramos tener fuerza política y credibilidad ideológica, a las élites masculinas de los partidos les costará enfrentarse al movimiento y las mujeres feministas de esos partidos jugarán un papel crucial, haciendo de puente entre su partido o grupo y el movimiento feminista.

Este debate que, ciertamente, tiene mucha historia no se puede clausurar expeditivamente negando la posibilidad de la doble militancia, porque entonces estamos negando a las feministas de partidos y movimientos sociales lo que no negamos a otros militantes políticos que trabajan en más de una organización política. Los niveles de exigencia con nosotras mismas no se pueden exagerar tanto, porque eso ahondaría mucho más nuestra soledad política, ya de por sí significativa. Además, introduce en nuestro movimiento debates tan enconados que después obstaculizan los pactos entre unas y otras mujeres feministas. Por otra parte, las mujeres feministas de los partidos no deben trabajar políticamente en la dirección de ocupar todos los espacios de mujeres y así invisivilizar al movimiento feminista o, en el mejor de los casos, minimizar su capacidad de maniobra. Las mujeres feministas que militan en partidos políticos u otras organizaciones sociales forman parte fundamental del movimiento feminista, pero deben admitir que la pluralidad ideológica y estratégica es un componente central y necesario del movimiento feminista.

Las mujeres feministas de los partidos que están alrededor del poder político deben distinguir políticamente la función de la sociedad civil y la función del poder político. Ambos son espacios diferenciados que tienen funciones distintas. La sociedad civil debe convertirse en un contrapoder al político. Y de ahí deben salir críticas, demandas, sugerencias y alternativas al poder establecido. No se puede estar a la vez en los dos espacios, porque se pervierte la democracia y se introducen malestares en el feminismo.

Por otra parte, sería un grandísimo error que las mujeres feministas de los partidos estimasen que en las políticas públicas de igualdad se concreta en exclusiva el objetivo del feminismo, ni aun en aquellos momentos en que las políticas de género han contribuido a mejorar la vida de las mujeres. Las políticas de igualdad existen porque el movimiento feminista ha conseguido cierta hegemonía ideológica y ha logrado hacer verosímiles sus propuestas políticas.

El debate de la doble militancia debe superarse fortaleciendo nuestras estructuras organizativas, reforzando nuestros principios ideológicos y aceptando la pluralidad de visiones y estrategias en el interior de nuestro movimiento. Si fortalecemos organizativa e ideológicamente nuestro movimiento, las mujeres de los partidos y de otras organizaciones se verán obligadas a aproximarse a nuestra lucha y se convertirán en un poder fáctico que debe ser escuchado en el interior de sus organizaciones.

NUEVOS ESTEREOTIPOS SOBRE LAS MUJERES (O CÓMO DESACTIVAR EL FEMINISMO)

El discurso de la inferioridad, aquel que sostiene que las mujeres son inferiores a los varones porque su naturaleza es inferior a la masculina, es un discurso que ha perdido legitimidad en muchas partes del mundo. En los países del Norte y en otros muchos del Sur el discurso de la inferioridad de las mujeres permanece subterráneamente acallado en el imaginario colectivo. Pero no ha desaparecido: reaparece siempre que hay condiciones o circunstancias que se lo permiten.

Sin embargo, éste es un momento muy propicio para que se desarrolle el discurso de la excelencia de las mujeres. Y este discurso es el que está alimentando uno de los nuevos estereotipos que se están fabricando sobre ellas. Como señalábamos anteriormente, contra el proceso de silenciar la memoria histórica tenemos mucha "historia" las mujeres, pues nuestras luchas no figuran ni en los "manuales" de las universidades ni en los libros más mediáticos de historia. Las mujeres seguimos siendo presentadas como portadoras de una historia de excelencia moral que consiste básicamente en hacernos cargo incansablemente de trabajos ligados a la familia y a la supervivencia familiar, como "heroínas" que luchan denodadamente para que sus hijos puedan sobrevivir al hambre, a las drogas, a la destrucción de la familia, a las guerras...

Esta figura compleja de mujer, pero al tiempo muy conocida, abunda en los libros, en la TV, en exposiciones de fotografía o en artículos de prensa escrita "seria". A medio camino entre la heroína y la víctima aparece una de las figuras que acaparan una de las imágenes de la mujer de principios del siglo XXI. Es una figura que transita entre la mujer del África subsahariana, llevando y trayendo agua; la mujer árabe-musulmana, con burka o niqab y sin la titularidad de los derechos más elementales; la mujer de Centroamérica o de los países de los Balcanes que ha sido violada como forma de romper el tejido social y de humillar a los varones enemigos en guerras interminables o genocidios infames; las mujeres agredidas por sus maridos o ex maridos y que en muchas ocasiones acaban siendo asesinadas; las mujeres de las maquilas que trabajan el día entero para cobrar apenas un salario de subsistencia; las mujeres que ejercen la prostitución a causa de formas de explotación sexual intolerables, las inmigrantes que recorren nuestros pueblos y barrios con la imagen de mujeres medio vencidas por la vida, en definitiva, mujeres que, como diría Saskia Sassen, recorren circuitos, en muchos casos semiinstitucionalizados, de feminización de la supervivencia. Y, además, esta mujer, a veces víctima y a veces heroína, aparece ligada de una u otra forma a la pobreza. Es su imagen más representativa. Ambas figuras, la de la víctima y la de la heroína, aparecen muchas veces superpuestas: la mujer explotada es a la vez la que mantiene a la familia; la mujer de la maquila cocina y se ocupa de sus hijos antes y después de hacer una jornada de 12 horas... La mujer explotada de África que trae y lleva agua es la imagen de un continente que resiste: heroína y víctima.

Cuando no aparece esta mujer "abnegada", aparece otra imagen: la *superwoman* que trabaja incansablemente, pero desde otros parámetros; es la mujer del tercio rico del mundo: desde su despacho, laboratorio, clínica, juzgado, desde el poder político, administrativo, académico o profesional. Son mujeres ambiciosas, cegadas por la pasión de sus profesiones, que han renunciado a la maternidad o casi (sólo tienen un hijo o hija), mujeres que están en su mayoría divorciadas porque es un serio impedimento para la vida familiar que ellas también ejerzan con la misma pasión que los varones su ambición pública o política. Son mujeres —así se las presenta explícita o inexplícitamente— que han sido en el fondo ganadas para la causa de los hombres, se han contaminado de su forma y estilo de vivir, "los imitan", son modelos masculinos, han roto con el mundo de los cuidados y les cuesta mucho mantener vínculos familiares. Se han desnaturalizado.

Estas dos imágenes, la víctima-trabajadora infatigable que saca a la familia adelante y la mujer exitosa, que ha conseguido lo que muchos hombres nunca conseguirán, acaparan una buena parte de las noticias de nuestros medios de comunicación. Las primeras no pueden apenas acercarse al feminismo, porque es éste un mundo inaccesible que no proporciona a primera vista las respuestas que requieren el hambre y la necesidad extrema; las segundas no sienten ninguna deuda con el feminismo: casi todo lo han logrado ellas solas. Reconocer su deuda histórica con el feminismo es situarse en otro lugar: en el de la crítica a las estructuras de poder patriarcales y en el de la solidaridad con otras mujeres. Y, previamente, en el de subordinadas al colectivo masculino. Y ése no puede ser el lugar de quien ha triunfado. Quien ha triunfado no puede reconocerse como una subordinada.

Sin apenas darnos cuenta se han instalado en nuestro imaginario colectivo poderosas imágenes que no hemos dibujado las mujeres: las pobres y víctimas están vinculadas a los dos tercios pobres del mundo y las triunfadoras, al tercio rico. Y, sin embargo, un precario y cada vez más amplio tercer mundo formado por aproximadamente tres varones y siete mujeres se ha formado en el primero y un reducido "primer mundo" de élites vive en la abundancia en el interior del tercer mundo. La globalización y las tecnologías informacionales facilitan los contactos y las conexiones. Mujeres de los dos mundos padecen las estructuras transculturales, patriarcales y capitalistas, al tiempo que resisten o luchan tanto como pueden.

Estas imágenes no son otra cosa que estereotipos que falsean la realidad de las mujeres, que ocultan sus luchas y sus esfuerzos por convertirse en sujetos de su propia historia. Son imágenes fabricadas artificialmente. La primera, la de la víctima-trabajadora, induce a la admiración: trabaja hasta la extenuación, pero no descuida ni a sus hijos ni a su familia. Permanece en su sitio. Está fuera del escenario político. Sin embargo, muchas de estas mujeres luchan por sus derechos: a la educación, a la titularidad de la tierra; luchan para que no se les mutile genitalmente o para no ser obligadas a ir veladas; luchan contra la pobreza… pero luchan, es decir, actúan como sujetos e intentan quitarse de encima su papel de subordinadas. La historia de sus luchas no está relatada. Mejor contar lo que funcionalmente conviene a los sectores duros y fanáticos de las sociedades patriarcales.

El segundo estereotipo, el de la mujer autónoma, profesional y "exitosa", también es una imagen prefabricada, a la que se le suelen asociar algunos atributos: ambiciosa, egoísta e insolidaria. Una copia del varón. Ha abandonado el mundo tradicional y ha tenido la pretensión de acceder al trabajo remunerado, a la escena política y a la formación cultural. ¿Será que una mujer que quiere ejercer los mismos derechos que los varones no es una mujer? Los medios de comunicación lanzan mensajes ambiguos, entre la admiración y la sutil desconsideración. ¿No será que quien se dedica a tareas "tradicionalmente masculinas" y con gran dedicación no es una buena madre? ¿O, quizá, si no tienen hijos, se les acusa sutilmente de ser egoístas porque prefieren la profesión a la familia?

Estas dos imágenes, la de víctima y la de exitosa y ambiciosa profesional, no han sido creadas por el feminismo, sino por la ideología patriarcal. Ambas imágenes son sutilmente enfrentadas entre sí en los medios de comunicación hasta el punto de que algunas feministas asumen en cierta medida la realidad de los estereotipos. El problema aparece cuando perdemos de vista que esos estereotipos son producciones masculinas. De hecho, algunos sectores sociales e incluso feministas asumen que estas imágenes son creadas y reivindicadas por las propias feministas. Y, sin embargo, el feminismo nunca fue queja, sino vindicación, exigencia y demanda política. Conceptualizar a las mujeres como víctimas absolutas es negarles su capacidad de convertirse en sujetos y su posibilidad de resignificar la realidad en la que viven. Cuando muchas de estas mujeres tienen posibilidades de luchar lo hacen y también resisten de múltiples formas a los distintos dominios sistémicos. Es necesario trabajar para modificar esa imagen de mujer-víctima que anida en una parte del imaginario patriarcal. Es un estereotipo interesado que no tiene más finalidad que hacer que las mujeres acepten como natural los trabajos reproductivos no remunerados y acepten la vida que viven, que en la mayoría de los casos no ha sido elegida por ellas. Es una forma "primitiva" de dominación.

La otra imagen, la de la mujer exitosa profesionalmente, es usada por la ideología patriarcal para enviarnos diversos mensajes: el primero es que la que tiene talento acaba alcanzando posiciones ventajosas; el segundo es que si éstas valen porque tienen inteligencia, talento y han trabajado, entonces las que no han llegado es porque les falta alguna de las características para triunfar, es decir, no están porque no tienen que estar; el tercero es que las mujeres que alcanzan posiciones profesionales o políticas de cierta decisión se las identifica con mujeres del tercio rico del mundo o con su pertenencia a las élites o a las clases altas y, por ello mismo, no sirven como modelo a otras mujeres; el cuarto es que estas mujeres exitosas lo son porque utilizan a otras con pocos recursos para que hagan el trabajo doméstico que ellas no pueden hacer. Es decir, las responsabilizan, en lugar de hacerlo con los varones que no asumen como propias las tareas del hogar; el quinto es que entre unas mujeres, las que tienen pocos recursos, y las otras, las que tienen mejor posición, no existe nada en común. Las diferencias de clase silencian la subordinación de género de ambas. La conclusión que se infiere de todos estos prejuicios es que no es posible establecer pactos entre unas y otras.

Entre ambos estereotipos funcionales a la ideología patriarcal se hace necesario indagar en la realidad y producir estereotipos más vinculados a la realidad y más rentables a nuestra propia lucha. En todo caso, entre ambos estereotipos del imaginario patriarcal hay mujeres que intentan elegir su propia vida y que aprovechan cualquier resquicio de libertad y cualquier espacio de igualdad para incorporarlos a sus vidas. Otras no sólo los incorporan a sus vidas, sino que luchan activamente por conseguirlos. En muchas partes del mundo hay mujeres que luchan por tener una vida mejor para ellas y para sus hijas: que luchan contra su subordinación y, al hacerlo, refuerzan su autonomía y su subjetividad. Sin embargo, esta realidad no se traduce en estereotipos. El imaginario patriarcal no permite el acceso de otros modelos alternativos a los ya asentados en su propio centro simbólico.

Las feministas tenemos que hacer frente a esa ideología inarticulada e invisible en las instituciones políticas, incluidas aquellas que parecen ser las más abiertas, flexibles y autónomas, que fomenta una percepción y una articulación selectivas de los problemas y conflictos sociales[21]. ¿Cómo podremos erosionar esos estereotipos y crear otros alternativos que nos devuelvan una imagen más ajustada a la realidad y que no nos devalúen como individuos?

POLÍTICAS PÚBLICAS DE IGUALDAD DE GÉNERO

En este momento histórico de cambios profundos y de crisis diversas aparece con gran nitidez la arremetida contra los estados de bienestar y las políticas sociales. Lo público se ha convertido en el objetivo a abatir por parte de la derecha económica y política. La propiedad privada está siendo sometida a un nuevo proceso de resacralización. Y los medios de comunicación han perdido, en su mayoría, cualquier perspectiva crítica, pues pertenecen a grandes empresas a las que deben servir. En este contexto de guerra contra los derechos sociales, la defensa del estado de bienestar debe ser un objetivo estratégico para el feminismo. Las políticas de redistribución cobran especial importancia para el feminismo en tiempos de feminización de la pobreza. Y no sólo para las mujeres, sino también para aquellos otros sectores sociales que ven sus derechos recortados y sus recursos disminuidos.

En Occidente y en otras muchas partes del mundo los grupos dominantes están encontrando un caldo de cultivo idóneo para fortalecer sus posiciones de dominio. Como hemos señalado anteriormente, las transformaciones en el seno del capitalismo están dando como resultado la reorganización de los entramados institucionales y sociales. Por supuesto, los movimientos sociales, tanto los que surgieron en los inicios de la Modernidad, como es el caso del feminismo, como los que se perfilaron al hilo de mayo del sesenta y ocho, indudablemente han constituido un elemento de cambio social emancipador, en otra dirección distinta a la del neoliberalismo. En todo caso, el conjunto de cambios, unos que aspiran a ampliar derechos y otros a recortarlos, están modificando profundamente el escenario social. En este contexto, puede observarse cómo el poder político ha perdido "soberanía" y capacidad de maniobra cuando está en manos de la socialdemocracia. Por eso, es crucial la movilización de conciencias y la creación de políticas desde la sociedad civil. La politización de la sociedad civil es la condición de posibilidad de una democracia de más calidad, más participativa. Sin embargo, una sociedad civil politizada y activa debe mirar al poder político, pues el poder político, convenientemente usado, es una poderosa herramienta de transformaciones sociales. En este sentido, las políticas públicas pueden convertirse en instrumentos correctores de los agujeros negros del capitalismo informacional y de los patriarcados más o menos enmascarados que empobrecen y subordinan a las mujeres. Para decirlo de otra manera: la defensa del estado del bienestar y la relegitimación del poder político necesitan con mucha urgencia de la movilización de la sociedad civil.

Las feministas, articuladas en la sociedad civil, no sólo podemos constituir espacios democráticos y participativos que construyan ciudadanías más activas, no sólo podemos inventar micropolíticas que desactiven espacios tomados por el patriarcado y refuercen nuestra capacidad de ser sujetos. Si sólo trabajamos en esas políticas, desatendemos otro ámbito potencialmente transformador, que es el del poder político. El poder institucional no puede ser sólo patrimonio de la izquierda. Desde las instituciones se diseñan y aplican políticas redistributivas y se ponen las bases para fortalecer o debilitar movimientos e ideologías. Las mujeres feministas no debemos abdicar de esos espacios, porque nos privaríamos de poner en marcha políticas transformadoras.

El discurso feminista y la práctica feminista no sólo tienen que persuadir a la sociedad de la racionalidad de sus objetivos políticos, sino que también tienen que encontrar los medios para imponerse a los intereses patriarcales de las élites masculinas. Un movimiento social fuerte no garantiza el éxito político si no se crean paralelamente canales políticos e instituciones que implementen las políticas de igualdad (institutos de la mujer, concejalías o direcciones generales de la mujer, por ejemplo). El feminismo no puede permitirse el lujo de ser *sólo* un movimiento social. Debe introducirse en todos los espacios de poder, institucionales y fácticos, hasta alcanzar presencias paritarias en todos los ámbitos de decisión. Sociedad civil y poder político: ambos ámbitos son necesarios para reducir la desigualdad de género. Tanto los recursos como los derechos necesitan del estado y del poder político para existir.

El principio de igualdad no acaba en su propia formulación: no puede hacerlo porque su finalidad es la práctica y la acción política. La igualdad es un principio regulativo que orienta la práctica política. Por eso, la igualdad se concreta en políticas públicas. Las políticas públicas tienen una función redistributiva y se aplican tanto a través de acciones afirmativas como de discriminaciones positivas. Estas políticas tienen un carácter correctivo y compensatorio y no son otra cosa que estrategias políticas de carácter provisional orientadas a establecer la igualdad entre hombres y mujeres. Hasta la fecha no se han encontrado otras políticas que debiliten la explotación económica y la subordinación social como lo han hecho las medidas de acción positiva. Estas medidas, cuando se conciben como derechos, empoderan a los individuos receptores de esas políticas y fortalecen su capacidad de actuación como sujetos. La singularidad de las políticas públicas reside en que están dirigidas a genéricos inscritos en sistemas muy sólidos de explotación económica y subordinación social, en definitiva, a individuos marcados por variables de opresión como la clase, la raza, el género o la etnia, entre otras.

Estas políticas de redistribución, pensadas como una estrategia para corregir la discriminación estructural en que están inscritas las mujeres y para desactivar mecanismos de dominación patriarcal, han adoptado la forma de políticas públicas gestionadas a través de instituciones específicas: ministerios de la mujer o de igualdad, institutos de la mujer, direcciones generales de la mujer, concejalías de igualdad, etc. Las instituciones que gestionan políticas públicas específicas para mujeres cuentan con un presupuesto que se concreta en programas concretos dirigidos a redistribuir compensatoriamente los recursos económicos, políticos, culturales y de otros tipos.

Las políticas públicas vertebran los estados de bienestar y por ello son el objetivo político a abatir por las políticas neoliberales. Es una realidad que la disminución de las políticas públicas de igualdad está directamente vinculada a la feminización de la pobreza. Defender hoy las políticas públicas es decir no al neoliberalismo y decir sí a los derechos. En todo caso, son el resultado de las intensas luchas que han protagonizado las mujeres a lo largo de los tres últimos siglos. Las políticas de redistribución ni pueden ni deben analizarse como concesiones del capitalismo o del patriarcado, porque la aplicación y creación de políticas de igualdad siempre han estado precedidas de luchas de mujeres feministas.

Sin embargo, las políticas públicas no deben diseñarse sólo como políticas de redistribución, sino también como políticas de reconocimiento, siempre y cuando estas políticas no sean identitarias y esencialistas. El estatus social de las mujeres no muestra sólo un déficit de recursos económicos y políticos, que por otra parte están muy marcados, sino también la existencia de una ideología muy arraigada que muestra a las mujeres como individuos deficitarios de "algo" no muy bien explicitado, pero que, cuando se explora en profundidad, siempre alude explícita o inexplícitamente a la inferioridad de las mujeres.

Es necesario diseñar y aplicar políticas institucionales de género que tengan un subtexto político de reconocimiento de la historia pasada y presente de subordinación de las mujeres. Sólo de esta forman tendrán un carácter transformador y emancipador.

LAS HERIDAS DEL PATRIARCADO

No podemos decir, tal y como sostienen las pensadoras de la diferencia sexual de la Librería de Milán, que el patriarcado ha muerto, pero no creo pecar de optimista si digo que, como poco, está herido. Y por eso, precisamente, sus acciones son más impredecibles y más violentas. Chomsky explica, refiriéndose al capitalismo, que "un predador se vuelve más peligroso, y menos predecible, cuando está herido"[22]. Nosotras, las feministas, tenemos muchos datos para suscribir esta afirmación: los cambios sociales que afectan a las mujeres y que han desembocado en mayores cuotas de libertad y autonomía para ellas han desplazado a los varones de sus lugares patriarcalmente asignados. A algunos no les ha quedado más opción que cambiar algunos comportamientos y prácticas para participar en las nuevas formas de relación que demandan las mujeres.

Otros, sin embargo, se resisten a aceptar que no tienen toda la autoridad familiar y les resulta inaceptable tener que negociar ahora cuestiones que hace relativamente poco tiempo eran innegociables. El malestar por la pérdida de poder se ha instalado en muchos varones que optan por otras salidas que ponen de manifiesto la no aceptación de la nueva situación de las mujeres. Las reglas del juego están cambiando. Pacíficamente, con argumentaciones y presiones políticas, pero sin violencia, las mujeres nos deslizamos hacia la libertad y, al igual que otros sujetos colectivos de liberación, con pasos adelante y pasos atrás. Pese a los retrocesos, ésta es una herida profunda en el corazón del patriarcado. Muchas mujeres en el mundo son dueñas de sus cuerpos y han producido conciencias críticas frente a los intentos sistémicos de las sociedades patriarcales de situarlas en posiciones de subordinación. Los sistemas patriarcales están intentando curarse las heridas producidas por el feminismo y por otros cambios imprevistos producidos por las distintas globalizaciones.

Las sociedades actuales, a causa de la interpelación crítica del feminismo desde hace casi tres siglos y también debido a otros cambios sociales, están experimentando una crisis significativa de legitimación patriarcal. Y ante este proceso, el patriarcado, como todos los sistemas de dominación cuestionados, recurre a la construcción de nuevas instancias de legitimación y al reforzamiento de estrategias de control social. Por ello, una de las tareas de la teoría feminista actual y del movimiento feminista es desmontar esas nuevas elaboraciones ideológicas y construir nuevas prácticas políticas que quiebren el entramado institucional patriarcal. El feminismo tiene que crear espacios discursivos en la esfera pública a fin de modificar el componente patriarcal de nuestra cultura política.

Sin embargo, las heridas del patriarcado no sólo se producen desde fuera. También desde dentro del propio sistema algunos de sus individuos cuestionan el dominio masculino y se distancian críticamente de un sistema que no permite a muchos varones construir su propio proyecto de vida. Hasta este momento, las conquistas legislativas y políticas de las mujeres se habían conseguido con el apoyo de los sectores más flexibles del mundo masculino. Una parte de los varones que apoyaron proyectos de ampliación de derechos para las mujeres, o de redistribución de recursos más justa, lo hicieron por la presión política del movimiento feminista y de la opinión pública o porque el principio ético-político de igualdad arrastró a ciertos varones a votar a favor y a no oponerse por coherencia ideológica a las demandas de las mujeres. Ciertamente, también hay que destacar razones estratégicas, pues las mujeres somos la mitad de la sociedad, es decir, la mitad de los sufragios. Nuestros votos son necesarios para que cualquier partido político alcance el gobierno. El feminismo tiene que tomar conciencia del inmenso poder que tenemos las mujeres para hacer caer un gobierno o para que sea elegido. Y no deberíamos desaprovechar esa oportunidad.

Los motivos han sido diversos, pero estamos presenciando por primera vez en la historia la existencia de pequeñas organizaciones de varones que cuestionan el sistema que les proporciona privilegios. Y no sólo son pequeños colectivos masculinos como Hombres por la Igualdad, Hombres contra la violencia de género u Hombres por la Abolición de la Prostitución, también se observa la existencia de varones individuales que prefieren relaciones igualitarias con las mujeres. Cuando un sistema de dominio alberga en su interior a individuos que, pudiendo usar sus privilegios, los cuestionan, entonces ese sistema da un paso más en su deslegitimación. O, dicho en otros términos: cuando un sistema de dominio quiere ser desactivado, aunque sea parcialmente, por una parte de los miembros que se beneficia de esa dominación es que padece una crisis de plausibilidad profunda. Por eso, sus respuestas pueden ser impredecibles.

Hay que desarrollar una estrategia de presiones en todos los ámbitos de la sociedad y frente a todos los colectivos que, bien activa o bien pasivamente, muestran resistencias a la emancipación de las mujeres. Para ello es necesario articular políticas de alianzas con otros sectores sociales. Y esto es particularmente relevante en el caso del feminismo, debido a que en su seno confluyen todas las variables sociales. O dicho en otros términos: el feminismo es un movimiento social interclasista. Todas las mujeres sin distinción somos potencialmente objeto de los múltiples mecanismos de dominación y violencia patriarcal. Por eso, parece que lo más adecuado estratégicamente en estos momentos es volver los ojos a la sociedad civil y construir pequeños entramados organizativos feministas que dirijan su mirada hacia una articulación flexible e incluyente mucho más amplia. Esta estructura debe recoger con generosidad todas las herencias que confluyen en el feminismo actual. Y para ello es necesario desarrollar una cultura política feminista de pactos. Sólo así se podrán neutralizar esos movimientos impredecibles de un patriarcado que, al perder legitimidad ideológica y capacidad de dominio sobre sectores importantes de mujeres, desarrolla nuevas formas de violencia y provoca también nuevas servidumbres en las mujeres.

Madrid, febrero de 2011

NOTAS

1. Lidia Cirillo: "Virtualidades pedagógicas del feminismo para la izquierda", en *Revista Internacional de Filosofía Política*, nº 25 (Madrid), UAM (México)/UNED (Madrid), número monográfico *Debates feministas para el siglo XXI*, p. 37.
2. Blas de Otero: "En el principio", en *Pido la paz y la palabra*, Barcelona, Lumen, 2005. Publicado originalmente en Santander en 1955.
3. Amelia Valcárcel: *La política de las mujeres*, Madrid, Cátedra, col. Feminismos, Madrid, 1997, pp. 83-87.
4. François Poulain de la Barre: *De l'égalité des deux sexes*, Fayard, París, 1984.

5. Mary Wollstonecraft: *Vindicación de los derechos de la mujer*, Madrid, Cátedra, col. Feminismos, Madrid, 1994.
6. Rosa Cobo: "Política feminista y democracia paritaria", en *Leviatán* (Madrid), verano 2000. Las dos primeras páginas de este epígrafe pertenecen a este artículo.
7. Celia Amorós: *Tiempo de feminismo. Sobre feminismo, proyecto ilustrado y postmodernidad*, Madrid, Cátedra, col. Feminismos, 1997, p. 56.
8. Carole Mueller: "Identidades colectivas y redes de conflicto. El origen de las movilizaciones de las mujeres en EE UU, 1960-1970", en Enrique Laraña y Joseph Gusfield (comps.): *Los Nuevos Movimientos Sociales. De la Ideología a la Identidad*, Madrid, Centro de Investigaciones Sociológicas (CIS), 2001, pp. 312-313.
9. Carole Mueller: "Identidades colectivas y redes de conflicto. El origen de las movilizaciones de las mujeres en EE UU, 1960-1970", *op. cit.*, pp. 312-313. Para la cuestión de los contramovimientos, véase Manuel Castells: *La era de la información*, vol. 2, *El poder de la identidad*, Madrid, Alianza, 1998, pp. 43-49.
10. Barbara Hobson: "Identidades de género. Recursos de poder y Estado de bienestar", en Elena Beltrán y Cristina Sánchez (eds.): *Las ciudadanas y lo político*, Instituto Universitario de Estudios de la Mujer/Universidad Autónoma de Madrid, 1996, p. 86.
11. Jo Freeman: "La tiranía de la falta de estructuras", Madrid, Forum de Política Feminista, 1988, p. 42.
12. Jo Freeman: "La tiranía de la falta de estructuras", *op. cit.*, p. 38.
13. Celia Amorós: *Tiempo de feminismo. Sobre proyecto ilustrado, feminismo y postmodernidad*, *op. cit.*, p. 70.
14. Celia Amorós: "Igualdad e identidad", en Amelia Valcárcel (comp.): *El concepto de igualdad*, Madrid, Pablo Iglesias, 1995, p. 47. Véase también Luisa Posada Kubissa: "Pactos entre mujeres", en Celia Amorós (dir.): *10 palabras clave sobre mujer*, Navarra, Verbo Divino, 1995.
15. Entrevista personal realizada a la ex senadora Margarita Percovich.
16. Aili Mari Tripp: "La política de los derechos de las mujeres y la diversidad cultural en Uganda", en Liliana Suárez y Rosalva Aída Hernández (eds.): *Descolonizando el feminismo*, p. 300.
17. Aili Mari Tripp: "La política de los derechos de las mujeres y la diversidad cultural en Uganda", *op. cit.*, p. 299.
18. Aili Mari Tripp: *op. cit.*, p. 299.
19. Celia Amorós: *La gran diferencia y sus pequeñas consecuencias... para las luchas de las mujeres*, Madrid, Cátedra, col. Feminismos, 2005. Véase el capítulo 2: "Elogio de la vindicación", pp. 285-302.
20. A este respecto es muy interesante leer el texto de Lidia Cirillo: "Virtualidades pedagógicas del feminismo para la izquierda", en *Revista Internacional de Filosofía Política*, nº 25, julio 2005.
21. A. M. Crenson: *The un-politics of air pollution: a study of non-decision making in the cities*, Baltimore y Londres, The John Hopkings Press, 1971.
22. Noam Chomsky: "Un depredador herido es todavía más peligroso", en *Revista Sin Permiso*, marzo de 2007. Publicado originalmente en *The Guardian*, 9 de marzo de 2007.

BIBLIOGRAFÍA

AGRA ROMERO, María Xosé: "Ciudadanía, feminismo y globalización", en Ana Rubio y Joaquín Herrera Flores (coord.): *Lo público y lo privado en el contexto de la globalización*, Instituto Andaluz de la Mujer, 2006.

ALTVATER, Elmar y MAHNKOPF, Birgit: *La globalización de la inseguridad. Trabajo en negro, dinero sucio y política informal*, Paidós, Buenos Aires, 2008.

AMARA, Fadela y ZAPPY, Silvia: *Ni putas ni sumisas*, Cátedra, col. Feminismos, Madrid, 2005.

AMORÓS, Celia: "Igualdad e identidad", en Amelia Valcárcel (comp.): *El concepto de igualdad*, Pablo Iglesias, Madrid 1995.

— *Tiempo de feminismo. Sobre proyecto ilustrado, feminismo y postmodernidad*, Cátedra, col. Feminismos, Madrid, 1997.

— *La gran diferencia y sus pequeñas consecuencias para las luchas de las mujeres*, Cátedra, Madrid, 2006.

— *Mujeres e imaginarios de la globalización*, Homo Sapiens Ediciones, Rosario (Argentina), 2008.

— *Vetas de Ilustración. Reflexiones sobre feminismo e Islam*, Cátedra, col. Feminismos, Madrid, 2009.

ANTHIAS, Floya y YUVAL-DAVIS, Nira: *Racialized boundaries: race, nation, gender, colour and the anti-racist struggle*, Routledge, Londres, 1996.

ARMSTRONG, Nancy: *Deseo y ficción doméstica*, Cátedra, col. Feminismos, Madrid, 1991.

ATWOOD, Margaret: *La maldición de Eva*, Lumen, Madrid, 2006.

BALLARÍN, Pilar: "Mujeres en el 'laberinto de cristal' universitario", en Isabel de Torres (coord.): *Miradas desde la perspectiva de género: estudios de las mujeres*, Narcea, Madrid, 2005.

BAKKER, Isabella: "Dotar de género a la reforma de la política macroeconómica en la era de la reestructuración y el ajuste global", en Carrasco, Cristina (ed.): *Mujeres y Economía*, Ed. Icaria & Antrazyt, Barcelona, 1999, pp. 254-279.

BARD, Christine (ed.): *Un siglo de antifeminismo*, Biblioteca Nueva, Madrid, 2000.

BAUMAN, Gerd: *El enigma multicultural. Un replanteamiento de las identidades nacionales, étnicas y religiosas*, Paidós, Barcelona, 2001.

BAUMAN, Zygmunt: "Exclusión social y multiculturalismo", en *Claves de la Razón Práctica* (Madrid), noviembre de 2003.

— *Comunidad*, Siglo XXI, Madrid, 2003.

BENERÍA, Lourdes: *Género, desarrollo y globalización*, Editorial Hacer, Barcelona, 2005.

BENHABIB, Seyla: *Las reivindicaciones de la cultura. Igualdad y diversidad en la era global*, Katz, Buenos Aires, 2006.

— *Los derechos de los otros. Extranjeros, residentes y ciudadanos*, Gedisa Editorial, Barcelona, 2005.

BENHABIB, Seyla y CORNELL, Drucilla: *Teoría feminista y teoría crítica*, Edicions Alfons el Magnànim, Valencia, 1990.

BERGER, Peter: *El dosel sagrado. Para una teoría sociológica de la religión*, Kairós, Barcelona, 1971.

BESSIS, Sophie: *Occidente y los otros. Historia de una supremacía*, Alianza Editorial, Madrid, 2002.

- *Los árabes, las mujeres, la libertad*, Alianza Editorial, Madrid, 2008.
BIRULÉS, Fina: *Una herencia sin testamento: Hannah Arendt*, Herder, Barcelona, 2007.
BORDERÍAS, Cristina (coord.): *La historia de las mujeres: perspectivas actuales*, Icaria, Barcelona, 2009.
BOSCH, Esperanza y FERRER, Victoria: *La voz de las invisibles. Las víctimas de un mal amor que mata*, Cátedra, col. Feminismos, Madrid, 2002.
BOSCH, Esperanza, FERRER, Victoria y ALZAMORA, Aina: *El laberinto patriarcal*, Anthropos, Madrid, 2006.
CALDERÓN, Fernando: "Diversidad cultural y ciudadanía", en *Leviatán* (Madrid), n° 70, invierno de 1997.
CARRASCO, Cristina: *Mujeres y economía*, Icaria, Barcelona, 1999.
CASALS, Carles: *Globalización*, Ed. Intermón Oxfam, Barcelona, 2001.
CASTAÑO, Cecilia: *La segunda brecha digital*, Cátedra, col. Feminismos, Madrid, 2008.
CASTELLS, Manuel: *La era de la información. Economía, sociedad y cultura*, vols. 1, 2 y 3, Alianza Editorial, Madrid, 1997.
- *La galaxia Internet. Reflexiones sobre Internet, empresa y sociedad*, De bolsillo, Barcelona, 2001.
CIRILLO, Lidia: "Virtualidades pedagógicas del feminismo para la izquierda", en *Revista Internacional de Filosofía Política*, n° 25 (Madrid), UAM (México)/UNED (Madrid).
COBO BEDIA, Rosa: *Fundamentos del patriarcado moderno. Jean Jacques Rousseau*, Cátedra, col. Feminismos, Madrid, 1995.
- "Multiculturalismo, democracia paritaria y participación política", en *Política y Sociedad* (Madrid), n° 32, 1999.
- "Política feminista y democracia paritaria", en *Leviatán* (Madrid), verano de 2000.
- "El género en las ciencias sociales", en *Cuadernos de Trabajo Social*, 2005.
- "Globalización y nuevas servidumbres de las mujeres", en Celia Amorós y Ana de Miguel (eds.): *Teoría feminista: de la Ilustración a la globalización*, Minerva Ediciones, Madrid, 2005, pp. 265-300.
- "Otro recorrido por las ciencias sociales: género y teoría crítica", en Marta Aparicio, Begoña Leyra y Rosario Ortega (eds.): *Cuadernos de género: Políticas y acciones de género. Materiales de formación*, ICEI/Universidad Complutense, Madrid, 2009, p. 33.
COBO, Rosa y DE MIGUEL, Ana: "Diversidad cultural y multiculturalismo", en *Amnistía Internacional: La mutilación genital femenina y los derechos humanos*, Los libros de la Catarata, Madrid, 1998.
COCHRANE, Kira": "Guerra sin cuartel al feminismo", en *sin permiso* [http://www.sinpermiso.info/textos/index.php], julio 2008.
CORNELL, Drucilla: *En el corazón de la libertad. Feminismo, sexo e igualdad*, Cátedra, col. Feminismos, Madrid, 2002.
CRENSON, A. M.: *The un-politics of air pollution: a study of non-decision making in the cities*, The John Hopkings Press, Baltimore y Londres, 1971.
DEBÉN ALFONSO, María: *O tratamento penal da violencia contra as mulleres. Da intensiva aplicación do principio de intervención mínima á introducción da perspectivade xénero*, Publicacións do Servizo Galego de Igualdade, Xunta de Galicia, Santiago de Compostela, 2005.
DE LUCAS, Javier: "¿Elogio de Babel? Sobre las dificultades del Derecho frente al proyecto intercultural", en VV. AA.: *Multiculturalismo y diferencia. Sujetos, nación, género*, en *Anales de la Cátedra Francisco Suárez* (Granada), n° 31, 1994.
DURÁN, María Ángeles: *El valor del tiempo. ¿Cuántas horas te faltan al día?*, Espasa, Madrid, 2007.
EISENSTEIN, Zillah: *Señuelos sexuales. Género, raza y guerra en la democracia imperial*, Bellaterra, Barcelona, 2007.
FACIO, Alda: "Un nuevo paradigma para eliminar la violencia contra las mujeres". Trabajo inédito.

— *Cuando el género suena, cambios trae. (Una metodología para el análisis de género del fenómeno legal)*, Ed. ILANUD, San José (Costa Rica), 1992.
FALLACI, Oriana: "La rabia y el orgullo", en www.elmundo.es, 2001.
FALUDI, Susan: *Reacción. La guerra no declarada contra las mujeres*, Planeta, Madrid, 1992.
FEMINÍAS, María Luisa: *Feminismos de París a la Plata*, Ed. Catálogos, Buenos Aires, 2006.
FERNÁNDEZ, Dina: "Un vídeo sacude Guatemala", en *El País*, 3 de junio de 2009.
FRASER, Nancy: "Multiculturalidad y equidad entre los sexos", en *Revista de Occidente* (Madrid), n° 173, octubre de 1995.
FREEMAN, Jo: "La tiranía de la falta de estructuras", Madrid, Ed. Forum de Política Feminista, 1988.
GÁLVEZ MUÑOZ, Lina y TORRES LÓPEZ, Juan: *Desiguales. Mujeres y hombres en la crisis financiera*, Icaria, Barcelona, 2010.
GARZÓN VALDÉS, Ernesto: "Cinco confusiones acerca de la relevancia moral de la diversidad cultural", en *Claves de Razón Práctica* (Madrid), n° 74, julio/agosto, 1997.
GELB, Joyce: "Feminismo y acción política", en Russell Dalton y Manfred Kuechler (eds.): *Los nuevos movimientos sociales: Un reto al orden político*, Ed. Alfons el Magnànim, Valencia, 1992.
GINER, Salvador: "La urdimbre moral de la Modernidad", en Salvador Giner y Riccardo Scartezzini (eds.): *Universalidad y diferencia*, Alianza, Madrid, 1996.
GONZÁLEZ RODRÍGUEZ, Sergio: *Huesos en el desierto*, Anagrama, Barcelona, 2002.
HARAWAY, Donna J.: *Ciencia, cyborgs y mujeres. La reinvención de la naturaleza*, Cátedra, col. Feminismos, Madrid, 1995.
HARTMANN, Heidi: "Un matrimonio mal avenido: hacia una unión más progresiva entre feminismo y marxismo", en *Zona Abierta* (Madrid), n° 24, 1975.

HEALEY, Joseph F.: *Race, Ethnicity, Gender and Class in The United States*, Pine Forge Press, Thousand Oaks, 1997.
HIMANEN, Pekka: *La ética del hacker y el espíritu de la era de la información*, 'Epílogo' de Manuel Castells, Destino, Madrid, 2001.
HOBSON, Barbara: "Identidades de género. Recursos de poder y Estado de Bienestar", en Elena Beltrán y Cristina Sánchez (eds.): *Las ciudadanas y lo político*, Instituto Universitario de Estudios de la Mujer, Universidad Autónoma de Madrid, Madrid, 1996.
HOOKS, Bell y otras: *Otras inapropiables. Feminismos desde las fronteras*, Fabricantes de sueños, Madrid, 2004.
HUNTINGTON, Samuel P.: *El choque de civilizaciones y la reconfiguración del orden mundial*, Paidós, Barcelona, 1997.
JÓNASDÓTTIR, Anna G.: *El poder del amor. ¿Le importa el sexo a la democracia?*, Cátedra, col. Feminismos, Madrid, 1993.
JUSTO SUÁREZ, Cristina: "Políticas de control y mutilación sobre el cuerpo de las mujeres", en *Debats* (Valencia), 2008.
KYMLICKA, Will: *Ciudadanía multicultural*, Paidós, Barcelona, 1996.
KINCHELOE, Joe L. y STEINBERG, Shirley R.: *Repensar el multiculturalismo*, Octaedro, Barcelona, 2000. Prefacio de Mary Nash.
LAGARDE, Marcela: "Feminicidio" [http://ciudaddemujeres.com/articulos/feminicidio], 2006.
LAMO DE ESPINOSA, Emilio: "Fronteras culturales", en Espinosa (ed.): *Culturas, estados*, Alianza Editorial, Madrid, 1995.
LECIÑANA BLANCHARD, Mayra: "Feminismo filosófico en el contexto latinoamericano: ¿Quién habla y cómo? Subjetivación política y subalternidad", en *Clepsidra*, n° 4, 2005.
LEVIN, Silvia: *Derechos al revés. ¿Salud sexual y salud reproductiva sin libertad?*, Ed. Espacio, Buenos Aires (Argentina), 2010.

López Pardina, Teresa: "Feminismo y filosofía: aplicaciones feministas de la filosofía foucaultiana", en Teresa López Pardina y Asunción Oliva Portolés (coord.): *Crítica feminista al psicoanálisis y a la filosofía*, Universidad Complutense/Editorial Complutense, Madrid, 2003.

Lorde, Audre: *La hermana, la extranjera*, Horas y horas, Madrid, 2003.

Lugones, María: "Multiculturalismo radical y feminismos de mujeres de color", en *Revista Internacional de Filosofía Política* (Madrid), nº 25, 2005.

Luckmann, Thomas: *La religión invisible*, Sígueme, Salamanca, 1973.

Maalouf, Amin: *Identidades asesinas*, Alianza Editorial, Madrid, 1999.

Macpherson, Crawford. B.: *La teoría política del individualismo posesivo (De Hobbes a Locke)*, Trotta, Madrid, 2005.

Malgesini, Graciela y Giménez, Carlos: *Guía de conceptos sobre migraciones, racismo e interculturalidad*, Los Libros de la Catarata, Madrid, 2000.

Manier, Bénédicte: *Cuando las mujeres hayan desaparecido*, Cátedra, col. Feminismos, Madrid, 2007.

Méndez, Lourdes: *Antropología feminista*, Síntesis, Madrid, 2007.

Mernissi, Fatema: *El poder olvidado. Las mujeres ante un Islam en cambio*, Icaria, Barcelona, 1995.

— *El harén en Occidente*, Espasa, Madrid, 2001.

Millett, Kate: *Política Sexual*, Cátedra, col. Feminismos, Madrid, 1995.

Misha, Glenny: *Mcmafia*, Destino, Argentina, 2008.

Molina Petit, Cristina: *Dialéctica feminista de la Ilustración*, Anthropos, Barcelona, 1994.

Monárrez Fragoso, Julia Estela: *Trama de una injusticia. Feminicidio sexual sistémico en Ciudad Juárez*, Ed. El Colegio de la Frontera Norte/Miguel Ángel Porrúa, Tijuana, 2009.

Mueller, Carole: "Identidades colectivas y redes de conflicto. El origen de las movilizaciones de las mujeres en EE UU. 1960-1970".

Murillo de la Vega, Soledad: *El mito de la vida privada*, Ed. Siglo XXI, Madrid, 2006.

Navarro, Vicenç: "Globalización y mujer", en VV. AA.: *Globalización y mujer*, Ed. Pablo Iglesias, Madrid, 2002.

Nussbaum, Martha C.: *Los límites del patriotismo. Identidad, pertenencia y 'ciudadanía mundial'*, Paidós, Barcelona, 1991.

Nuño, Laura: *El mito del varón sustentador. Orígenes y consecuencias de la división sexual del trabajo*, Icaria, Barcelona, 2010.

Offe, Klaus: *Partidos políticos y nuevos movimientos sociales*, Ed. Sistema, Madrid, 1992.

Oliva, Asunción: *La pregunta por el sujeto en la teoría feminista: el debate filosófico actual*, Complutense, Madrid, 2009.

OMS: *Informe sobre violencia y salud*, 2002.

Osch, Thera Van: "Aspectos de género en el proceso de globalización", en Thera van Osch (ed.): *Nuevos enfoques económicos. Contribuciones al debate sobre Género y Economía*, UNAH/POSCAE, San José (Costa Rica), 1996.

Osborne, Raquel (coord.): *La violencia contra las mujeres. Realidad social y políticas públicas*, UNED Ediciones, Madrid, 2001.

— *Apuntes sobre violencia de género*, Ed. Bellaterra, Barcelona, 2009.

Otero, Blas de: "En el principio", en *Pido la paz y la palabra*, Lumen, Barcelona, 2005.

Palmer, Ingrid: "Gender Equity and Economic Efficiency in Adjustment of Programmes", en H. Afshar y C. Dennis (ed.): *Women and Adjustment in the Third World*, Macmillan, Basingstoke, 1992.

Pateman, Carole: *El contrato sexual*, Anthropos, Barcelona, 1995.

Pérez Orozco, Amaia: "Amenaza tormenta: la crisis de los cuidados y la reorganización del sistema económico", en *Revista de Economía Crítica*, nº 5, 2006.

POSADA KUBISSA, Luisa: "Pactos entre mujeres", en Celia Amorós (dir.): *10 palabras clave sobre mujer*, Verbo Divino, Navarra, 1995.
— *Razón y conocimiento en Kant*, Editorial Biblioteca Nueva, Madrid, 2008.
— "Otro género de violencia", *Revista Altamirano-Instituto de Estudios Parlamentarios*, volumen: (38), México, 2010.
— "Igualdad, epistemología y género: desde un horizonte ético-político", *Revista Cuadernos de Psicología*, 12(2), Barcelona, 2010.
Proyecto de Informe del Parlamento Europeo 2004-2009. Punto nº 7, 2007.
PULEO, Alicia: *El reto de la igualdad de género. Nuevas perspectivas en Ética y Filosofía Política*, Editorial Biblioteca Nueva, Madrid, 2008.
QUESADA, Fernando: *Sendas de democracia. Entre la violencia y la globalización*, Trotta, Madrid, 2008.
— "Apuesta por un tercer imaginario", en *Revista Internacional de Filosofía Política* (Madrid/México), nº 35, 2010.
RADFORD, Jill y RUSSELL, Diana (eds.): *Femicide: The politics of Woman Killing*, Twayne, Nueva York, 1992.
ROBOTHAM, Don: "El poscolonialismo: el desafío de las nuevas identidades" [http://www.unesco.org/issj/rics15 3/robothamspa.html].
RODRIGO ALSINA, Miquel: *La comunicación intercultural*, Anthropos, Barcelona, 1999.
RUBIO, Ana: "Ciudadanía y sociedad civil: avanzar en la igualdad desde la política", en Ana Rubio y Joaquín Herrera Flores (coord.): *Ciudadanía, feminismo y globalización*, Ed. Instituto Andaluz de la Mujer, 2006.
RUSSELL, Diana y HARMES, Roberta (eds.): *Femicide in global perspectiva*, Theacher Collage Press, Nueva York, 2001.
SARTORI, Giovanni: *Pluralismo, multiculturalismo y extranjeros*, Taurus, Madrid, 2001.
SASSEN, Saskia: *¿Perdiendo el control? La soberanía en la era de la globalización*, Bellaterra, Barcelona, 2001.

— *Contrageografías de la globalización. Género y ciudadanía en los circuitos transfronterizos*, Traficantes de sueños, Madrid, 2003.
— *Una sociología de la globalización*, Katz, Buenos Aires, 2007.
SEGATO, Rita: "Territorio, soberanía y crímenes de segundo estado: la escritura en el cuerpo de las mujeres asesinadas en Ciudad Juárez", en *Serie Antropología*, Brasilia, 2004.
SEN, Amartya: "Faltan cien millones de mujeres", en *La mujer ausente. Derechos humanos en el mundo*. *ISIS Internacional* 15, Santiago de Chile, 1991 y 1996, pp. 96-108.
— *Identidad y violencia. La ilusión del destino*, Katz, Buenos Aires, 2007.
SENNETT, Richard: *El respeto. Sobre la dignidad del hombre en un mundo de desigualdad*, Anagrama, Barcelona, 2003.
SEVILLA, Julia y VENTURA, Asunción: "Fundamento Constitucional de la Ley Orgánica 3/2007, de 22 de marzo, para la igualdad efectiva de mujeres y hombres. Especial referencia a la participación política", en *Revista del Ministerio de Trabajo y Asuntos Sociales*, Madrid, 1998.
SPIVAK, Gayatri Chakravorty: *¿Puede hablar un subalterno?*, Centro de Documentación sobre la Mujer, Buenos Aires.
STANFORD, Victoria: *Guatemala: Del genocidio al feminicidio*, F&G Editores, Guatemala, 2008.
SUÁREZ NAVAZ, Liliana y HERNÁNDEZ, Rosalva Aída (eds.): *Descolonizando el feminismo. Teorías y prácticas desde los márgenes*, Cátedra, Madrid, 2008.
TAYLOR, Charles y otros: *El multiculturalismo y 'la política del reconocimiento'. Ensayo de Charles Taylor*, FCE, México, 1993.
TERRÉN, Eduardo (ed.): *Razas en conflicto. Perspectivas sociológicas*, Anthropos, Madrid, 2002.
THORNTON DILL, Bonnie: "Race, Class, and Gender: prospects for an all-inclusive sisterhood", en AAVV: *The education feminism Reader*, Routledge, Nueva York, 1994.

TOURAINE, Alain: *Movimientos sociales hoy*, Hacer editorial, Barcelona, 1990.
— "¿Qué es una sociedad multicultural? Falsos y verdaderos problemas", en *Claves de Razón Práctica*, Madrid, octubre de 1995.
TORRES, Jurjo: *Educación en tiempos de neoliberalismo*, Morata, Madrid, 2001.
TRIPP, Aili Mari: "La política de los derechos de las mujeres y la diversidad cultural en Uganda", en Liliana Suárez y Rosalva Aída Hernández (eds.): *Descolonizando el feminismo. Teorías y prácticas desde los márgenes*, Cátedra, col. Feminismos, Madrid, 2008.
VALCÁRCEL, Amelia: *La política de las mujeres*, Cátedra, col. Feminismos, Madrid, 1997.
— *Ética para un mundo global*, Temas de hoy, Madrid, 2002.
— *Feminismo en el mundo global*, Cátedra, col. Feminismos, Madrid, 2008.
WASHINGTON, Diana: *Cosecha de mujeres. Safari en el desierto mexicano. Toda la verdad sobre los asesinatos de mujeres en Ciudad Juárez y Chihuahua*, Océano, Barcelona, 2005.
WIEVIORKA, Michel: *El espacio del racismo*, Paidós, Barcelona, 1992.
ZERILLI, Linda. M.: *El feminismo y el abismo de la libertad*, Fondo de Cultura Económica, Buenos Aires, 2008.
VV. AA.: *Género y globalización*, Ed. Aún creemos en los sueños, Santiago de Chile, 2004.

ÚLTIMOS TÍTULOS PUBLICADOS

365. Hacia una nueva política sexual. Las mujeres ante la reacción patriarcal
   Rosa Cobo

364. El decrecimiento explicado con sencillez
   Carlos Taibo

363. El espacio público como ideología
   Manuel Delgado

362. Israel. Crónica del país del Libro
   Alberto Masegosa

361. Los Hermanos Musulmanes
   Javier Martín

360. La trampa del velo. El debate sobre el uso del pañuelo musulmán
   Ángeles Ramírez

359. La Transición contada a nuestros padres. Nocturno de la democracia española
Juan Carlos Monedero

358. Manual para una economía sostenible
Roberto Bermejo

357. Anarquía, dinamita y revolución social
Ángel Herrerín López

356. Estado de alarma. Socialismo de casino, izquierda anémica, sindicalismo claudicante
Carlos Taibo

355. La invención de las provincias
Jesús Burgueño

354. Narcoméxico
José Reveles

353. Aplicaciones de la Web en la enseñanza
Isidro Moreno Herrero

352. Organización y gestión de instituciones y programas educativos
Luis Miguel Barrigüete Garrido y Melani Penna Tosso

351. Manual del candidato electoral
José Rúas Araújo

350. Breve historia de la España de Franco
María Encarna Nicolás

349. De Tánger al Nilo. Crónica del norte de África
Javier Valenzuela

348. Contra los tertulianos
   Carlos Taibo

347. ¿Para qué servimos los jueces?
   José Antonio Martín Pallín

346. ¿Para qué servimos los economistas?
   Juan Francisco Martín Seco

345. Ensayo sobre la riqueza
   Luis Saavedra

344. El oficio de maestro
   Luis Pumares Puertas

343. China en 88 preguntas
   Xulio Ríos

342. Los nuevos actores en la cooperación internacional.
   El papel de los gobiernos locales y regionales
   Rosa de la Fuente (coord.)

341. Nicaragua es un país de colores.
   Unidad didáctica para Educación Primaria
   Ernest Cañada

340. África al socorro de África
   Sanou Mbaye

339. Didáctica e innovación curricular
   Raúl García Medina y José María Parra Ortiz

338. Metodología de investigación en cooperación para el desarrollo
   Enara Echart Muñoz, Rhina Cabezas Valencia y José Ángel Sotillo Lorenzo (coords.)

337. Procesos y contextos educativos
    Soledad Gil Hernández, Escolástica Macías Gómez, José María Salguero Juan y Seva y Mercedes Sánchez Sáinz (coord.)

336. La República de Weimar. Manual para destruir una democracia
    César Roa Llamazares

335. Patriotas y demócratas. El discurso nacionalista español después de Franco
    Xosé Manoel Núñez Seixas

334. Decrecimientos. Sobre lo que hay que cambiar en la vida cotidiana
    Carlos Taibo (dir.)

333. Esfera pública africana. Medios para las democracias
    José Carlos Sendín y Antoni Castel (eds.)

332. Cómo educar en la diversidad afectiva, sexual y personal en Educación Infantil. Orientaciones prácticas
    Mercedes Sánchez Sáinz (coord.)

331. Claves internacionales en la Transición española
    Óscar J. Martín García y Manuel Ortiz Heras (coords.)

330. El pensamiento tradicional africano. Regreso al Planeta negro
    Ferrán Iniesta

329. El próspero negocio de la piratería en África
    Miguel Salvatierra

328. La cooperación Sur-Sur en Latinoamérica. Utopía y realidad
    Bruno Ayllón Pino y Javier Surasky (coords.)